El antiguo Egipto

Un apasionante recorrido por la historia de Egipto, desde la colonización del valle del Nilo hasta la muerte de Cleopatra VII, pasando por los reinos Antiguo, Medio y Nuevo

Índice

INTRODUCCIÓN..1

CAPÍTULO 1: COLONOS DEL NILO I: EL BAJO EGIPTO 4

CAPÍTULO 2: POBLADORES DEL NILO II: ALTO EGIPTO........................12

CAPÍTULO 3: EL PRIMER PERIODO DINÁSTICO Y EL PRIMER
FARAÓN 19

CAPÍTULO 4: PIRÁMIDES, DIOSES Y FARAONES: EL AUGE DEL
REINO ANTIGUO..27

CAPÍTULO 5: EL PRIMER PERIODO INTERMEDIO: TEBAS, MENFIS
Y HERACLEÓPOLIS..39

CAPÍTULO 6: LA UNIFICACIÓN DE EGIPTO: EL AUGE DEL REINO
MEDIO 44

CAPÍTULO 7: EL DECLIVE DEL REINO MEDIO Y EL REINADO DE
LOS HICSOS DURANTE EL SEGUNDO PERIODO INTERMEDIO...............52

CAPÍTULO 8: EL IMPERIO NUEVO: LA ÉPOCA MÁS GLORIOSA
DE EGIPTO 59

CAPÍTULO 9: EL TERCER PERIODO INTERMEDIO: EL IMPERIO
KUSHITA...70

CAPÍTULO 10: EGIPTO BAJO LA OCUPACIÓN ASIRIA.........................77

CAPÍTULO 11: LA CONQUISTA PERSA..84

CAPÍTULO 12: ALEJANDRO MAGNO Y EL REINO PTOLEMAICO 92

CAPÍTULO 13: ARTE DEL REINO ANTIGUO: MOMIAS, FIGURAS,
TEMPLOS, RELIEVES Y MURALES 104

CAPÍTULO 14: ARTE Y COSTUMBRES DEL REINO MEDIO: VIDA,
MUERTE Y MÁS..116

CAPÍTULO 15: EL ARTE DEL IMPERIO NUEVO: INNOVACIONES Y ALTERACIONES 127

CAPÍTULO 16: ARTE PTOLEMAICO 141

CONCLUSIÓN 153

VEA MÁS LIBROS ESCRITOS POR ENTHRALLING HISTORY 155

BIBLIOGRAFÍA.. 156

Introducción

Mucho antes de la aparición del primer faraón, las grandes pirámides, los jeroglíficos y los imponentes obeliscos, existía una tierra conocida por sus habitantes como Kemet. Se cree que el antiguo nombre, traducido literalmente como «tierra negra», procede de la tierra fértil y negra como la brea que quedaba en el valle tras las inundaciones anuales del Nilo. Aunque Kemet obtuvo su nombre del suelo negro, los nativos también tenían otro nombre para los profundos desiertos rojizos; los llamaban *Deshret* o simplemente la «tierra roja».

No fue hasta el nacimiento de la antigua ciudad de Menfis cuando sus habitantes empezaron a referirse a Kemet con un nuevo nombre. Dentro de la ciudad había un templo llamado Hikuptah, dedicado a Ptah, el antiguo dios de los artesanos. El templo era tan grandioso que llamó la atención de muchos, especialmente de los griegos. Al enterarse de la importancia del templo para los pueblos del Nilo, los griegos empezaron a referirse a toda la ciudad como «Aigyptos», que en griego significaba Hikuptah. A partir de entonces, el nombre se generalizó tanto entre los nativos de la tierra como entre los extranjeros. Con el tiempo, *Aigyptos* se simplificó a Egipto, con la que todos estamos tan familiarizados hoy en día.

Durante muchos siglos, la antigua civilización egipcia ha intrigado no solo a egiptólogos y eruditos, sino también a otros profesionales, como escritores, artistas e incluso arquitectos de todo el mundo. Los impresionantes diseños y técnicas arquitectónicas del reino se han estudiado una y otra vez solo para poder desvelar sus secretos y aplicarlos hoy en día, aunque la técnica exacta de construcción de las pirámides nunca se desmintió del todo hasta hace poco. Los relatos de los numerosos faraones y las historias de sus batallas han quedado inmortalizados para siempre en libros y películas, mientras que los conocimientos de astronomía y medicina de los egipcios también han sido muy estudiados y utilizados como base por los astrónomos, médicos y científicos modernos.

Siempre que se menciona Egipto, uno no puede evitar imaginarse la visión del desierto sombrío y seco que rodea las pirámides, pero ¿han sido siempre así las tierras del Nilo? La ciencia nos dice que, debido al drástico cambio climático que se produjo a principios del IV milenio a. e. c., Egipto se convirtió en una vasta tierra llena de vida. Las zonas cercanas al río Nilo se llenaron de exuberante vegetación, que atrajo no solo a diversas especies de animales, sino también a los primeros pobladores, que con el tiempo establecieron campamentos estacionales y se refugiaron en el valle del Nilo. Por ejemplo, se cree que Nabta Playa, una región del desierto de Nubia, era más húmeda que la actual y en ella se encontraba uno de los primeros asentamientos del mundo antiguo. No fue hasta después del 3500 a. e. c. cuando el valle experimentó otro cambio climático, que llevó a Egipto a secarse gradualmente y transformarse en el desierto que conocemos hoy.

Siendo una de las primeras civilizaciones del mundo antiguo, no es de extrañar que Egipto pasara por numerosos cambios, conflictos, desastres y guerras. La primera unificación del reino hace miles de años dio lugar al surgimiento del Reino Antiguo, una época próspera que vio la construcción de las pirámides, conocidas por muchos. Quizá la época más floreciente de Egipto fue durante el reinado de los poderosos faraones del Imperio Nuevo, que dio origen a los numerosos e impresionantes templos que han sobrevivido al paso del tiempo.

Sin embargo, aunque Egipto perduró durante muchos siglos, no pudo escapar del todo de los tiempos oscuros que aterrorizaron a las tierras y a sus habitantes. El hambre, las continuas luchas políticas, las guerras constantes y las invasiones extranjeras fueron algunos de los acontecimientos más comunes que estuvieron a punto de aplastar al reino. Los egipcios, liderados por los poderosos faraones divinos, consiguieron superar y repeler las amenazas que podrían haber engullido su reino por completo, pero la libertad nunca estuvo destinada a permanecer demasiado tiempo en el valle.

En este libro, no solo obtendrá una visión profunda de los primeros habitantes de Egipto y de la vida cotidiana de su gente, sino también un apasionante viaje de cómo el reino ascendió al poder y acabó siendo deseado por muchas fuerzas extranjeras de todo el mundo. Saltaremos de un faraón a otro, volveremos a imaginar sus batallas con otras feroces fuerzas más allá de las fronteras de Egipto y nos sumergiremos de lleno en las singulares creencias y tradiciones egipcias que mantuvieron unido a su pueblo.

Capítulo 1: Colonos del Nilo I: El Bajo Egipto

Egipto, como era de esperar, tiene sus raíces enterradas en lo más profundo de las doradas arenas del desierto. La ausencia de registros escritos hizo que tanto eruditos como historiadores discutieran sobre cuándo surgió la vida en el valle egipcio. Tras muchas series de excavaciones a lo largo de los años, muchos coinciden en que los humanos ocuparon por primera vez la región hace al menos un milenio. Se cree que el arqueólogo Waldemar Chmielewski descubrió algunas de las estructuras egipcias más antiguas cerca de Wadi Halfa, una ciudad del actual Sudán. Se calcula que estas antiguas estructuras, posiblemente un tipo de vivienda del Paleolítico Temprano, datan del año 100.000 a. e. c. A principios de la década de 1980, otra excavación resultó fructífera, ya que los arqueólogos descubrieron el esqueleto de Nazlet Khater, un conjunto completo de restos humanos que se cree tenían más de treinta mil años de antigüedad. Con el éxito de la excavación y tras varias pruebas, los expertos pudieron concluir con seguridad que Egipto ya había atravesado el Paleolítico Tardío en torno al 30.000 a. e. c.

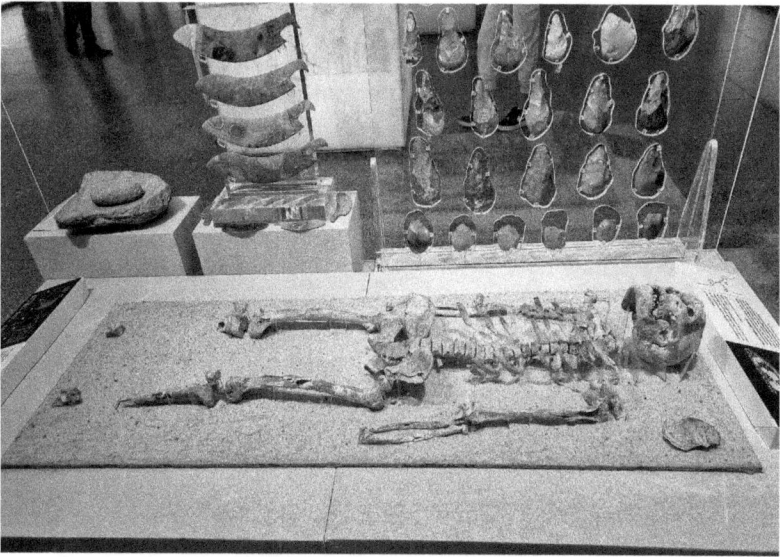

El esqueleto de Nazlet Khater

Aunque las huellas del pasado son en gran parte visibles hoy en día en Egipto, solo algunas de ellas pueden contarnos la historia del Periodo Predinástico: una época en la que aún no existían las pirámides ni los faraones. Por aquel entonces, Egipto estaba separado en dos tierras diferentes: El Bajo Egipto, que estaba en la parte norte del Nilo (el Nilo corre de sur a norte), y el Alto Egipto, en el sur, cerca del Sáhara. Dado que estas dos tierras separadas presentaban diferencias geográficas significativas, Egipto vio nacer varias épocas culturales diferentes, que más tarde fueron bautizadas por los expertos con el nombre de sus respectivos asentamientos egipcios.

Cultura Faiyum A (c. 9000 a. e. c. a 6000 a. e. c.)

Durante la Edad de Piedra, los egipcios llevaban una vida bastante sencilla. Cazaban animales grandes y recolectaban bayas y frutos secos. Ni siquiera tenían refugios permanentes. A menudo se trasladaban de un lugar a otro, posiblemente para encontrar mejores fuentes de alimento y huir de los peligros inminentes que les deparaba la naturaleza. Sin embargo, este estilo de vida empezó a cambiar cuando Egipto fue entrando en el Neolítico tardío. Los egipcios empezaron a recurrir a un estilo de vida semiestablecido.

Con sus conocimientos de agricultura, adquiridos del Levante, según algunos historiadores, los egipcios construyeron sus nuevos hogares a lo largo del Nilo, y algunos eligieron las fértiles tierras de Faiyum. Lo que antes era una árida cuenca desértica sin nada a la vista salvo polvo y arena, se transformó en un exuberante oasis cuando se llenó de agua procedente de un brazo del río Nilo. Con la aparición de nuevas plantas alrededor del oasis, varias especies de animales empezaron a llamar a Faiyum su nuevo hogar, lo que llevó finalmente a los seres humanos a ocupar la zona en torno al año 9000 a. e. c.

Mapa del Bajo Egipto y localización de Faiyum
Ancient_Egypt_map-es.svg: Jeff Dahlderobra derivada: MinisterForBadTimes, CC BY-SA 3.0 <https://creativecommons.org/licenses/by-sa/3.0>, vía Wikimedia Commons: https://commons.wikimedia.org/wiki/File:Lower_Egypt-en.png

Como aún faltaban miles de años para que se formaran grandes ciudades, estos primeros egipcios vivían en pequeñas comunidades con pocas familias. En la cultura Faiyum A eran comunes los campamentos estacionales con sencillas chozas de juncos y esteras, y las únicas estructuras permanentes de su asentamiento eran los graneros y los hogares. Por otra parte, la cerámica y las herramientas de los pobladores de Faiyum no experimentaron grandes cambios.

Las trescientas cestas, contenedores y tinajas antiguas excavadas en los alrededores de esta ciudad oasis llevaron a los expertos a creer que Faiyum fue, de hecho, la cuna de la agricultura egipcia primitiva. Aunque Faiyum no estaba situada a orillas del Nilo —la antigua ciudad estaba a unos cien kilómetros de Menfis (cerca de El Cairo actual)— las prácticas agrícolas seguían prosperando gracias a las crecidas anuales del río.

Normalmente, las plantas se cultivaban en otoño y las cosechas estaban listas en primavera. Como los cultivos dependían en gran medida de las inundaciones anuales, las cosechas no siempre estaban garantizadas. Los egipcios podían esperar una terrible escasez de víveres si las tierras altas de Etiopía, situadas río arriba, presenciaban precipitaciones escasas o nulas. Así que, para evitar tal desastre, podría ser plausible que los egipcios se trasladaran a otros lugares entre las estaciones, donde podían cazar animales para apoyar aún más su dieta. Sin embargo, una vez que sus cosechas estaban listas, regresaban a Faiyum. Estas cosechas, sobre todo de trigo y cebada, se recogían en cestos comunitarios que se almacenaban cerca del asentamiento.

Cultura Merimde (c. 5000 a. e. c. a 4200 a. e. c.)

Hace más de noventa años, el mundo volvió a sorprenderse con otro descubrimiento. Una expedición dirigida por un arqueólogo alemán llamado Hermann Junker descubrió otra cultura neolítica egipcia en los límites del delta occidental. Tras dieciséis años de excavaciones, el antiguo asentamiento, también conocido como Merimde Beni Salama, pasó a la historia como el primer asentamiento permanente que existió en el valle egipcio. Superpuesta en el tiempo con el período tardío de la cultura Faiyum A, se cree que la cultura Merimde era bastante más avanzada, a pesar de compartir influencias tanto de los habitantes de Faiyum como del Levante. De hecho, el asentamiento pasó por un total de tres fases culturales principales, cada una con sus propias características, tecnología y costumbres.

Al igual que su predecesora, los primeros pobladores de la cultura Merimde solían describirse como primitivos. Vivían en pequeñas viviendas, que solían ser endebles y poco refinadas, y su cerámica no estaba templada; quizá preferían la funcionalidad al diseño. Ocasionalmente, algunas estaban sutilmente decoradas con un sencillo dibujo en espiga. La agricultura fue, por supuesto, su principal ocupación desde el principio, aunque la domesticación de animales y la caza mayor también desempeñaron un papel importante en su vida cotidiana. Cabras, cerdos, peces, tortugas, cocodrilos e incluso hipopótamos eran algunos de los animales que más comían los merimde.

Cuando Merimde entró en su segunda fase cultural, el avance más evidente que se podía observar eran los refugios del pueblo. De simples chozas se pasó a viviendas más robustas de planta ovalada. Al disponer de espacios más amplios, estas casas de madera solían tener suelos de arcilla con fogones y algunas vasijas de almacenamiento. Aunque solo se apreciaba una pequeña diferencia en sus trabajos cerámicos —la decoración era escasa o nula—, cada pieza parecía más pulida y muy refinada. Para mantener su dieta, continuaron las actividades de cultivo de cereales, pesca y caza, mientras que la domesticación de animales se centró más en el ganado.

La tercera y última fase, a la que muchos prefieren referirse como periodo Merimde clásico, fue una época en la que el pueblo empezaba a dar los primeros pasos para crear una comunidad más organizada. Manteniendo la anterior planta ovalada, sus casas eran más grandes y estaban bien construidas. Calles estrechas ocupaban los espacios de los asentamientos densamente poblados. Cada una de las viviendas albergaba sus propios graneros, hogares, tinajas de almacenamiento e incluso piedras de moler, lo que posiblemente indicaría que, a diferencia de la cultura Faiyum A, las familias del asentamiento de Merimde eran más independientes, tanto social como económicamente.

En la fase final de la cultura Merimde, los trabajos cerámicos empezaron a ser más complejos. A menudo estaban pintados en una combinación de rojo oscuro y negro, con diferentes tipos de grabados adornando las capas exteriores. Fue también la época en que floreció por primera vez la cerámica de aspecto humano. Se cree que la cabeza cilíndrica de arcilla de Merimde, a pesar de carecer de rasgos realistas, se fabricó ya en el IV milenio a. e. c., lo que la convierte en la primera representación humana conocida de la cerámica del antiguo Egipto.

Sin registros escritos, nos resulta difícil conocer en profundidad las primeras creencias y costumbres de los egipcios predinásticos. Sin embargo, el descubrimiento de algunas fosas sepulcrales podría sugerir que los habitantes de Merimde practicaban una tradición funeraria sencilla. Dado que no se han encontrado tumbas infantiles en los alrededores del asentamiento, algunos egiptólogos concluyen que solo los adultos recibían un entierro adecuado, mientras que los restos de los niños fallecidos simplemente se arrojaban a fosas de basura. Sin embargo, esto ha sido discutido por algunos expertos, ya que algunos sugieren que la ausencia de tumbas infantiles en el asentamiento se debía a la inundación anual, que posiblemente las arrastró por completo. No obstante, a diferencia de las costumbres funerarias posteriores de los antiguos egipcios, los habitantes de Merimde no enterraban a sus difuntos con ajuares ni armas.

Cabeza de arcilla de Merimde

Cultura El-Omari (c. 4000 a. e. c. a 3100 a. e. c.)

La cultura El-Omari debe su nombre a Amim El-Omari, mineralogista egipcio que descubrió por primera vez el emplazamiento del asentamiento. Situado a unos cinco kilómetros al norte de Helwan, una ciudad a orillas del Nilo en el lado opuesto de Menfis, el asentamiento nos ha dejado muy poca información sobre sus habitantes y sus características. Cuando se descubrió el yacimiento, los egiptólogos solo pudieron encontrar restos claros de fosas y agujeros de postes, algunos de los cuales podrían indicar que los habitantes de El-Omari vivieron en su día en casas de bahareque. También se encontraron algunas piezas de herramientas parecidas a las de la cultura Merimde. Del hallazgo de las herramientas se deduce que los habitantes de El-Omari se dedicaban más a la pesca y la agricultura que a la caza en el desierto. Su cerámica estaba bastante pulida y decorada con una capa roja.

Aunque no podamos imaginarnos exactamente cómo vivían su vida cotidiana los habitantes de El-Omari, sí podemos hacernos una idea de cómo enterraban a sus muertos. A diferencia de los de la cultura Merimde, los habitantes de El-Omari enterraban a los difuntos con ajuares funerarios, aunque los objetos no eran nada elaborados; a menudo se los enterraba con una sola vasija. Aunque los muertos solían ser enterrados cerca de sus refugios, sus cuerpos se colocaban en una posición específica. Se los colocaba en fosas poco profundas tumbados sobre su lado izquierdo y con la cara orientada hacia el oeste. La razón de esta posición es incierta, pero algunos expertos creen que posiblemente se debía a la dirección en la que se pone el sol.

Aunque muchos de los restos hallados en el asentamiento estaban enterrados de la misma manera, con una vasija junto a los pies, una tumba parecía ligeramente diferente. Este hombre en concreto fue enterrado con un bastón que se asemeja mucho a una versión primitiva del cetro de Ames, un tipo de arma antigua que solían utilizar los reyes egipcios posteriores y quizá, al menos según los antiguos egipcios, los dioses. Esto podría significar que el hombre era probablemente una figura importante dentro del asentamiento; quizás era algún tipo de líder o jefe local.

Cultura Maadi (c. 3900 a. e. c. a 3500 a. e. c.)

Casi similares a los habitantes de El-Omari, los aldeanos de la cultura Maadi preferían las actividades agrícolas a la caza en el desierto. Varios restos de animales descubiertos en este antiguo asentamiento indican que la domesticación de animales era la norma, siendo el ganado vacuno, las ovejas, las cabras y los cerdos los animales más comunes en el poblado. Los habitantes de la cultura Maadi también fueron los primeros en domesticar burros, que a menudo utilizaban para comerciar. Además de comerciar con el vecino Alto Egipto, se cree que mantuvieron amplios intercambios comerciales con los pueblos que vivían en lo que hoy es Palestina. Gracias a las numerosas actividades comerciales, los habitantes de Maadi pudieron importar diversos recursos. El cobre, el aceite y la resina se importaban de Palestina, mientras que las paletas cosméticas de grauvaca se obtenían del Alto Egipto.

Apenas quedan restos de sus viviendas, pero sabemos que vivían en chozas ovaladas hechas de madera y estera. Las estructuras rectangulares y subterráneas eran comunes en el asentamiento, y algunas guardan similitudes con las descubiertas en la antigua ciudad de Beerseba (situada en el actual sur de Israel). También podría ser plausible que los aldeanos almacenaran sus provisiones en común, ya que se encontraron varias tinajas y grandes fosas al final del asentamiento. A diferencia de la cultura El-Omari, la cerámica de Maadi rara vez estaba decorada; solo estaba pintada de negro o rojo.

En cuanto a las costumbres funerarias, los habitantes de Maadi enterraban a sus muertos en tumbas sencillas situadas en cementerios alejados del asentamiento. Se cree que solo los niños y los mortinatos eran enterrados dentro del asentamiento. Como su cerámica era bastante sencilla y poco decorada, enterrar a los muertos con ajuares funerarios no era una obligación para los habitantes de la cultura Maadi. Además de los humanos, los aldeanos también tenían un cementerio para los animales. Sin embargo, no todos los animales eran enterrados adecuadamente, ya que las tumbas se reservaban para los animales utilizados en una ceremonia de sacrificio para un culto funerario.

Capítulo 2: Pobladores del Nilo II: Alto Egipto

Decir que los pueblos del mundo antiguo eran brillantes es, sin duda, quedarse corto. Eran, en efecto, mucho más avanzados y adelantados a su tiempo. Nabta Playa, un yacimiento arqueológico situado en el desierto de Nubia, a unos cien kilómetros de Abu Simbel, es el más conocido por retratar las excelentes mentes de los antiguos. El yacimiento contiene las primeras alineaciones de megalitos del mundo. El antiguo círculo de piedras, que se cree que fue construido hace al menos siete mil años, fue descubierto accidentalmente en 1973 por un guía árabe nómada. Muchos creen que fue construido por un grupo de nómadas que adoraban al ganado, y que los megalitos se utilizaban principalmente para determinar el solsticio de verano y estimar la llegada de los monzones.

Reconstrucción del círculo de piedras de Nabta Playa en el Museo Nubio de Asuán
*Raymbetz, CC BY-SA 3.0 <https://creativecommons.org/licenses/by-sa/3.0>, vía Wikimedia
Commons: https://commons.wikimedia.org/wiki/File:Calendar_aswan.JPG*

Aparte de los antiguos megalitos, Nabta Playa también se consideraba uno de los primeros asentamientos del mundo. Los historiadores sugieren que el lugar acogió a sus primeros habitantes hace entre once mil y nueve mil años. Habitada por un grupo de nómadas, posiblemente de origen africano subsahariano, en un principio la región solo contaba con campamentos estacionales. Con el paso de los siglos, Nabta Playa, al igual que otros asentamientos prehistóricos de Egipto, experimentó una evolución gradual. A partir de los campamentos estacionales, los habitantes empezaron a construir cabañas y hogares más sofisticados, que solían estar dispuestos en línea recta. La existencia de gacelas y de numerosas plantas silvestres que crecían en los alrededores permitió a la población disfrutar de un estilo de vida más sedentario. Más tarde, la domesticación de animales se convirtió en la norma; solían criar cabras y ovejas.

La cultura Badariense (c. 4400 a. e. c. a 4000 a. e. c.)

Llamada así por su ubicación en El-Badari, a unos doscientos kilómetros de la ciudad de Tebas (la actual Lúxor), la cultura bávara se centró principalmente en la agricultura. En este asentamiento se encontraron los primeros indicios de agricultura en el Alto Egipto. Aunque los badarienses cultivaban cebada, trigo, hierbas y lentejas para complementar su dieta, también se dedicaban a la pesca, la domesticación de animales y la caza, siendo las gacelas su principal objetivo.

Desgraciadamente, poco se sabe de sus viviendas, aunque el descubrimiento de tocones de madera podría sugerir que vivían en cabañas de madera sencillas y ligeras; al fin y al cabo, eran semimóviles. Sin embargo, sus prácticas funerarias eran ligeramente complejas, al menos en comparación con los asentamientos encontrados en el Bajo Egipto. En Badari, los difuntos eran envueltos en pieles de animales y colocados sobre esteras de junco antes de ser enterrados en fosas con la cabeza orientada hacia el oeste. La ausencia de heridas de guerra en los restos humanos descubiertos en el yacimiento también sugiere que los habitantes de Badari eran más bien pacíficos. Los hombres no fueron enterrados con armas, lo que posiblemente indica que los habitantes de Badari no eran guerreros.

Determinadas tumbas presentaban más de un ajuar funerario. En algunas se enterraba un tipo de estatua mortuoria femenina, mientras que en otras había diferentes objetos personales, como conchas, herramientas, joyas de piedras preciosas y amuletos tallados en forma de diversos animales, como hipopótamos y antílopes.

Estatua mortuoria femenina badariense
Museo del Louvre, CC BY-SA 2.0 FR <https://creativecommons.org/licenses/by-sa/2.0/fr/deed.en>, vía Wikimedia Commons: https://commons.wikimedia.org/wiki/File:Woman-E_11887-IMG_9547-gradient.jpg

Los habitantes de este asentamiento eran conocidos sobre todo por sus esculturas y cerámicas de aspecto humano. Estaban finamente elaboradas y pulidas en comparación con las de épocas anteriores. Algunas de las estatuillas badarienses sirvieron de base para posteriores esculturas del antiguo Egipto. La cerámica de tapa negra, que hizo su primera aparición en Nabta Playa, era común en este asentamiento, aunque a menudo se reservaba para fines funerarios y rituales.

Historiadores y antropólogos también han sugerido que los habitantes de la cultura badariense pertenecían a la misma mezcla racial que los antiguos egipcios de dinastías posteriores. El egiptólogo John Romer apoyó esta afirmación explicando las similitudes del pueblo badariense con los antiguos egipcios posteriores. Tenían el pelo rizado o liso, castaño claro o negro. Al igual que los hombres de épocas posteriores, los badarienses iban casi siempre bien afeitados, mientras que las mujeres solían peinarse con flequillos y peinetas de hueso o marfil.

La cultura Naqada (c. 4000 a. e. c. a 3000 a. e. c.)

La cultura prehistórica más importante del Alto Egipto no es otra que la cultura Naqada, que floreció tras la cultura Badariense en el 4500 a. e. c. Al igual que el resto de las culturas descubiertas en el valle, la cultura Naqada también recibió el nombre de su ubicación. Esta cultura en particular se dividió en tres fases diferentes, cada una con sus propias características y desarrollos.

La primera fase, Naqada I (también denominada fase Amratiense), surgió al mismo tiempo que la cultura Badariense, aunque fue sustituyendo a esta última con el paso del tiempo. Los habitantes de Naqada I complementaban su dieta con cultivos y vivían en aldeas más bien pequeñas. Sus viviendas eran más sofisticadas. Es probable que sus casas tuvieran ventanas y paredes de bahareque. A pesar de parecer más pequeños, cada uno de estos pueblos tenía sus propios tótems que representaban a su deidad animal. Posiblemente, las deidades se elegían en función de su asociación con el clan o la aldea.

Sin embargo, el cambio más prolífico se produjo en sus esculturas y arte. Durante esta época, Naqada experimentó un aumento de las estatuas masculinas con barba y de las esculturas de mujeres, estas últimas a menudo asociadas a la fertilidad. Estas estatuas solían utilizarse con fines funerarios. Muchas tumbas de la cultura Naqada presentaban al menos una estatuilla, que servía de compañía al difunto en el inframundo. Esta costumbre fue practicada por los egipcios posteriores. Alimentos, cerámica, joyas, ornamentos, armas y paletas decoradas eran algunos de los objetos más populares que se enterraban con los muertos.

Alrededor del año 3500 a. e. c. se produjo la segunda fase de la cultura Naqada, que hoy conocemos como cultura Naqada II. Los habitantes de esta cultura ya no cazaban animales como parte de sus actividades cotidianas, puesto que dominaban el arte de la agricultura. El descubrimiento de la irrigación artificial durante este periodo facilitó enormemente sus actividades agrícolas. Los habitantes de Naqada II pasaron de vivir en pequeñas aldeas a construir pueblos más grandes y, más tarde, ciudades, lo que se tradujo en un auge demográfico. Sus casas también experimentaron grandes cambios. Se construyeron con ladrillos cocidos al sol, y algunas viviendas tenían incluso patios. Y para no olvidar a los muertos, sus tumbas también experimentaron grandes cambios. Eran más ornamentadas y caras. El mejor ejemplo lo encontramos en Abidos (que más tarde se convirtió en una necrópolis o ciudad de los muertos), que contenía un gran número de tumbas macizas e importantes.

Con sus crecientes conocimientos de arquitectura, construyeron palacios y templos. El templo egipcio más antiguo construido por ellos se encontraba en la ciudad de Nejen, más conocida como Hieracómpolis. Este complejo de templos tenía su propio patio y varios edificios pequeños, que más tarde se convirtieron en fuente de inspiración para un faraón del Reino Antiguo llamado Zoser cuando construyó su famoso complejo de pirámides escalonadas.

La última fase, la cultura Naqada III, también denominada periodo protodinástico o Dinastía 0, se consideró la parte más importante de la historia temprana de Egipto, ya que fue precisamente esta cultura la que dio forma a las futuras dinastías egipcias. Durante este periodo de tiempo, Egipto ya había visto nacer a muchos reyes y gobernantes que reclamaban sus dominios sobre el reino dividido. Estos gobernantes solían llevar nombres de animales relacionados con sus tótems y se los consideraba la personificación de sus dioses, una creencia que sin duda caló en el Egipto dinástico. A diferencia de los gobernantes del Bajo Egipto, que llevaban coronas rojas, los del Alto Egipto llevaban coronas blancas que se asemejaban a un pino de bolos. Se lanzaban constantes campañas militares, que acabaron por reducir las numerosas ciudades-estado del Alto Egipto a solo tres: Tinis, Naqada y Hieracómpolis (Nejen).

Se cree que los jeroglíficos, que significan simplemente «las palabras de dios», se originaron durante la primera fase de Naqada, aunque continuaron desarrollándose durante el periodo de Naqada III. Al principio, esta forma de escritura solo se utilizaba en la cerámica y no servía más que de decoración. Sin embargo, a partir del 3200 a. e. c., los jeroglíficos se utilizaron para llevar registros importantes, pero nunca se encontraron frases completas originarias de este periodo. El registro más antiguo de jeroglíficos completos data de la segunda dinastía.

Los jeroglíficos, compuestos por una combinación de elementos logográficos, silábicos y alfabéticos, eran difíciles de traducir. Sin embargo, gracias al descubrimiento de la Piedra de Rosetta en 1799, los egiptólogos y eruditos pudieron descifrar la antigua lengua egipcia. Otra forma de escritura introducida en Naqada III fue el serej, que se utilizaba como blasón real para identificar el nombre de un gobernante.

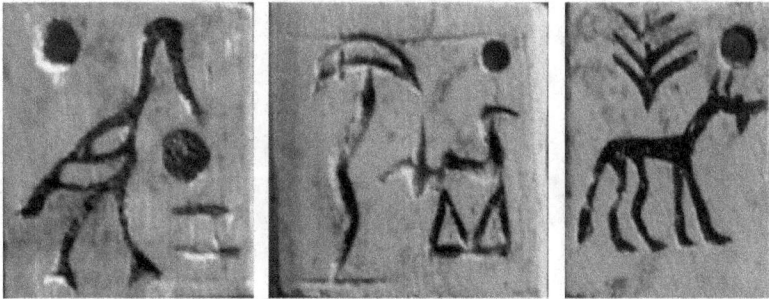

Una de las primeras formas de jeroglíficos egipcios
https://commons.wikimedia.org/wiki/File:Design_of_the_Abydos_token_glyphs_dated_to_3400-3200_BCE.jpg

El serej real que representa al primer faraón de Egipto, Narmer
https://commons.wikimedia.org/wiki/File:Narmer_Palette_verso_serekh.png

Muchos expertos coinciden en que Mesopotamia desempeñó un papel importante en el desarrollo de la civilización egipcia. Ciertas esculturas, cerámicas, técnicas de construcción, diseños de tumbas e incluso la forma primitiva de la antigua religión egipcia podrían remontarse a influencias mesopotámicas. Esto se debió probablemente a las crecientes actividades comerciales que tenían lugar en torno al reino. Se cree que Egipto mantuvo un contacto constante no solo con Mesopotamia, sino también con Canaán y Nubia.

Capítulo 3: El primer periodo dinástico y el primer faraón

Antes de la era de los reyes mortales y los faraones, los egipcios creían que su tierra había sido gobernada por un rey mítico conocido como Osiris. Nacido poco después de la creación del mundo, Osiris fue nombrado señor de la tierra y se casó con su hermana Isis, diosa de la fertilidad, la curación y la magia. La tradición de casarse con hermanos estaba muy extendida entre los antiguos egipcios, sobre todo entre faraones y miembros de la realeza.

Osiris vigilaba a su pueblo, pero se cansó de su lamentable estado; eran más bien primitivos e incivilizados. Así pues, el compasivo dios les otorgó cultura y les introdujo leyes, actividades agrícolas y prácticas religiosas. Con sus dones y su justo reinado, Egipto floreció hasta convertirse en un vasto paraíso en el que florecían las cosechas y abundaban los alimentos.

Osiris, el dios del más allá

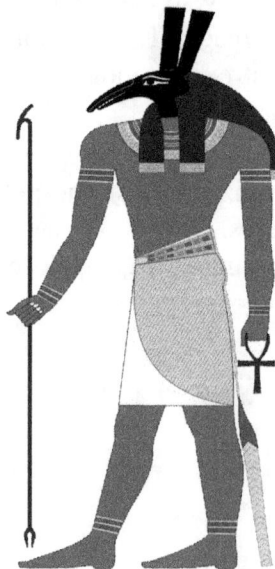

Set, el dios del caos

Los egipcios adoraban a su rey y a su reina, ya que el pueblo recibía un trato justo y equitativo, sin importar su estatus, edad, riqueza o sexo. Mientras que la pareja real era amada por muchos, una figura se ocultaba en las sombras, conspirando para quitarles el trono y robar la corona para sí mismo. Este envidioso personaje era Set, el dios del caos y hermano de Osiris.

Set acabó ideando un plan lento pero despiadado para eliminar a su hermano. Durante la celebración de un gran banquete, Set obsequió a sus invitados con un cofre o ataúd especialmente fabricado para Osiris. Luego ofreció el intrincado cofre a quien pudiera caber en él, sabiendo perfectamente que solo cabía su hermano. En el momento en que Osiris se tumbó en el cofre, Set selló inmediatamente la tapa y lo arrojó al río Nilo. Con el amado rey y dios de Egipto muerto, Set realizó con éxito sus sueños. Se convirtió en faraón.

Al enterarse del terrible destino de su marido, Isis lloró mientras pasaban los años, lo que provocó la crecida del Nilo. Consiguió recuperar los restos de Osiris; sin embargo, antes de que pudiera intentar resucitar al difunto dios-rey, Set llegó para detener el plan. El dios del caos troceó los restos fríos de su hermano antes de esparcir los pedazos por todos los rincones del mundo.

Entonces, Isis emprendió otro viaje para encontrar y recoger los pedazos de Osiris y poder traerlo de vuelta a la tierra de los vivos. Sin embargo, ni siquiera el más poderoso de los dioses pudo escapar a su destino. Isis encontró todas las piezas que le faltaban a Osiris excepto una. Sin la pieza que le faltaba, solo pudo regresar al mundo de los vivos durante un breve periodo de tiempo. Cuando se le acabó el tiempo, a Osiris no le quedó más remedio que abandonar a su querida esposa y a su hijo recién nacido, Horus, para continuar con su nuevo destino como señor del inframundo y juez de los muertos. Desconsolada por la eterna partida de su marido y temerosa del futuro de su hijo, Isis escondió a Horus en algún lugar de la aislada y pantanosa ciénaga hasta que tuvo edad suficiente para luchar por su derecho al trono.

Estatuas doradas de Horus (izquierda), Osiris (centro) e Isis (derecha)
https://commons.wikimedia.org/wiki/File:Egypte_louvre_066.jpg

Bajo el reinado de Set, Egipto se sumió en el caos, pues las tierras y el pueblo ya no estaban unidos. La paz era cosa del pasado. Al ver el caos desatado por Set y recordar el asesinato de su padre, un Horus adulto desafió y luchó contra Set. Esta lucha entre los dos dioses fue conocida como «Las contiendas de Horus y Seth» (siendo Seth una variante común de Set). Al final, Horus, que demostró ser el guerrero más poderoso, derrotó a Set. Aunque algunos afirmaron que el dios del caos fue asesinado por su sobrino, muchos sugieren que, de hecho, fue perdonado pero expulsado de la tierra.

Con el caos finalmente conquistado por Horus, Egipto se unió de nuevo. El orden fue restaurado y el pueblo dio la bienvenida a Horus como su nuevo rey, marcando así el comienzo de otra era próspera en Egipto.

Aunque la historia de la desaparición de Set y el ascenso de Horus al trono no es más que un mito que ha sobrevivido miles de años, varios investigadores y egiptólogos coinciden en que el mito fue creado, aunque parezca mentira, para reflejar la unificación histórica de Egipto en algún momento alrededor del año 3150 a. e. c. Como los egipcios estaban cada vez más cerca de civilizarse, las dos tierras —el Alto y el Bajo Egipto— fueron testigos de un creciente número de guerras y batallas entre los diferentes asentamientos y pueblos. Sin embargo, hasta que un rey del Alto Egipto cambió el curso de la historia y unió los dos reinos.

Antes del descubrimiento de miles de artefactos que nos cuentan la historia de la unificación de Egipto, los eruditos e historiadores dependían de la *Aegyptiaca (Historia de Egipto),* una colección de tres libros de historia escritos por un hombre conocido como Manetón. No se sabe nada de Manetón, salvo que era un sacerdote que vivía en Sebennitos (actual Samannud) durante la dinastía trigésima de Egipto. Sus obras, encargadas originalmente por el segundo rey de la dinastía ptolemaica, Ptolomeo II, consisten en una larga lista cronológica de los reyes que reinaron en el antiguo Egipto, desde los míticos reyes-dioses de los primeros tiempos hasta el primer faraón que llevó las coronas del Alto y Bajo Egipto, pasando por el establecimiento del Imperio Nuevo.

Según Manetón, Egipto fue unificado por un rey llamado Menes. Considerado el primer rey humano de Egipto por algunos antiguos egipcios, a Menes se le atribuyó a menudo la conquista del delta del Nilo y la fundación de Menfis, la gloriosa ciudad situada en la frontera entre el Alto y el Bajo Egipto. Se cree que gobernó las dos partes de Egipto durante más de sesenta años, hasta que fue asesinado por un hipopótamo. Sin embargo, la falta de pruebas arqueológicas ha puesto en duda si Menes fue una figura legendaria o el primer rey de un Egipto unificado.

Esto se puso de manifiesto cuando los arqueólogos británicos James E. Quibell y Frederick W. Green descubrieron la Paleta de Narmer a finales del siglo XIX. La paleta, que había sobrevivido más de cinco milenios en un estado casi perfecto, contiene el ejemplo más antiguo de inscripciones jeroglíficas que representan las escenas de la unificación de Egipto. Sin embargo, las inscripciones dejaron a los historiadores y eruditos con más preguntas que una respuesta clara; el nombre del rey de la paleta al que se atribuye la unificación de Egipto no era Menes, sino un personaje llamado Narmer.

Se cree que Narmer gobernó inicialmente el Alto Egipto, con sede en Tinis. El rey, que era plenamente consciente de la necesidad de formar un ejército fuerte para su campaña de unificación, reunió a los numerosos líderes tribales de sus regiones, formando así una confederación. Con las tribus bajo su mando, Narmer pudo marchar hacia el norte y lanzar su invasión, que se saldó con la derrota del Bajo Egipto. Sin ninguna oposición en su camino, Narmer unió con éxito las tierras del Nilo, coronándose a sí mismo como el primer faraón del Bajo y Alto Egipto en el proceso.

La paleta de Narmer, que representa a Narmer en el Hedjet, la corona blanca del Alto Egipto subyugando a su enemigo

Heagy1, CC BY-SA 3.0 <https://creativecommons.org/licenses/by-sa/3.0>, vía Wikimedia Commons: https://commons.wikimedia.org/wiki/File:Narmer_Palette_verso.jpg

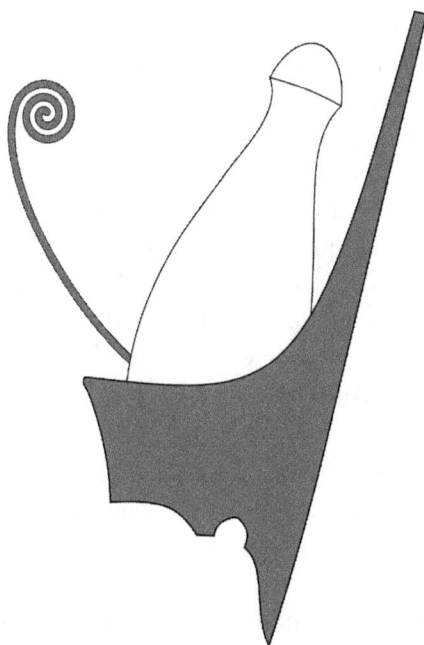

La doble corona del Alto y Bajo Egipto

Jeff Dahl, CC BY-SA 4.0 <https://creativecommons.org/licenses/by-sa/4.0>, vía Wikimedia Commons: https://commons.wikimedia.org/wiki/File:Double_crown.svg

Durante bastante tiempo, los eruditos estuvieron de acuerdo en que los dos reyes eran dos individuos diferentes. Se creía que Narmer había unificado pacíficamente los dos reinos al final del periodo predinástico, mientras que Menes fue su sucesor, que continuó unificando la región mediante la conquista, iniciando así el periodo dinástico temprano de Egipto. Sin embargo, con la aparición de más pruebas arqueológicas, esta opinión empezó a cambiar. El egiptólogo Flinders Petrie acabó por zanjar el debate al sugerir que Narmer era el nombre del primer faraón de Egipto, mientras que Menes era su honorífico.

Muchos historiadores coinciden en que Narmer estaba casado con una mujer llamada Neithotep, con la que tuvo un hijo. Y así, cuando llegó el momento de que el trono egipcio diera la bienvenida a un nuevo gobernante, su hijo, que respondía al nombre de Hor-Aha, asumió el legado de su padre y gobernó el reino unificado. Al igual que su padre, no se sabe mucho de Hor-Aha. Algunas fuentes llegaron a afirmar que Hor-Aha era, de hecho, el propio Menes; sin embargo, el descubrimiento de los sellos con su nombre que lo identificaban como el segundo faraón de la dinastía contradice esta afirmación. No obstante, podemos concluir que Hor-Aha fue un gobernante religioso. Las tablillas originarias de su reinado parecen describir su visita al santuario de la diosa Neith, posiblemente para realizar un ritual o una actividad religiosa importante. Aparte de las tablillas, el descubrimiento de algunos objetos intrincados, como cajas de marfil, mármol blanco y hachas de cobre finamente talladas, también sugiere que la calidad de la artesanía en todo el reino había mejorado mucho durante la época de Hor-Aha. También se dice que el segundo rey de la dinastía I dirigió expediciones a Nubia. Sin embargo, en comparación con el reinado de su padre, las actividades comerciales, especialmente con el Levante meridional, no fueron tan buenas bajo su reinado.

Hor-Aha fue sucedido por su hijo, Djer, del que no sabemos casi nada. Según las inscripciones de la Piedra de Palermo, el rey gobernó durante casi cuarenta años y se dice que lanzó una campaña a una tierra no especificada en algún lugar del sur de Canaán. Los detalles de esta campaña y del resto de su reinado se han perdido para siempre, ya que la Piedra de Palermo sufrió graves daños. Aunque no sobrevivieron suficientes detalles que pudieran decirnos más sobre su reinado, su muerte nos ha dado una gran visión de las antiguas costumbres y tradiciones funerarias de los egipcios, especialmente de los reyes. Alrededor de su tumba en Abidos, los arqueólogos descubrieron al menos trescientas tumbas subsidiarias, que pertenecían a los miembros de la corte, la familia real y, posiblemente, a los sirvientes más leales del rey. Se cree que fueron sacrificados y enterrados junto al rey. Los egipcios creían que, tras la muerte, estas personas resucitarían y se reunirían con su rey en el otro mundo.

Tras la muerte de Djer, Egipto vio surgir a muchos nuevos reyes que seguirían sentando las bases de una civilización floreciente. A lo largo de varios siglos, el reino del Nilo experimentó cambios graduales. Más distritos locales establecieron nuevas redes comerciales que propiciaron el florecimiento de la economía egipcia. Las actividades agrícolas se realizaron a mayor escala que antes y el sistema de escritura egipcio también experimentó un enorme crecimiento.

Capítulo 4: Pirámides, dioses y faraones: El auge del Reino Antiguo

La civilización egipcia continuó floreciendo tras la unificación de las tierras. Los asentamientos se convirtieron en pueblos y las ciudades empezaron a ver nacer docenas de gloriosos monumentos, templos y estatuas. La mayoría de ellos estaban dedicados a sus faraones (o reyes, ya que el término «faraón» no empezó a utilizarse hasta el Imperio Nuevo) y a los antiguos dioses y diosas que, según se creía, habían bendecido al pueblo con dones y protección en la vida y en la muerte. Aunque los antiguos egipcios creían que los dioses vigilaban a todos sus súbditos, la mayoría de las veces solo el poderoso faraón podía comunicarse con ellos. Se dice que el primer rey de la tercera dinastía, Zoser, salvó a Egipto de la hambruna tras una conversación con un dios en sueños.

La estela del Hambre de Zoser

Según la Estela de Hambre, el pueblo de Egipto fue aterrorizado por una terrible hambruna y sequía que duró casi siete años consecutivos. Las tierras de cultivo se quedaron sin cosechas. Los cereales escaseaban y los granos se secaban cuando no llegaba la crecida anual del Nilo. Cientos de familias sufrieron, y la muerte y el hambre se convirtieron en la norma en todo el valle. Algunos sucumbieron a su destino sin protestar, mientras que muchos otros empezaron a quebrantar las leyes en su desesperación. Los granjeros se convirtieron en ladrones, y a los sacerdotes no les quedó más remedio que regresar a sus hogares, ya que los templos y santuarios fueron clausurados.

Al ver que el caos devoraba poco a poco a sus súbditos —posiblemente a instancias de Set, el dios de la destrucción y el caos— Zoser empezó a recelar y decidió consultar a su canciller y sumo sacerdote de Ra, Imhotep. Como nadie tenía la menor idea de cómo superar la sequía, el rey pidió a Imhotep que abandonara los seguros muros de Menfis y emprendiera un viaje para encontrar al antiguo dios que tenía el poder de controlar el Nilo. Sin perder el tiempo, Imhotep viajó a Hermópolis, donde comenzó su investigación leyendo una serie de archivos del templo de la ciudad. Allí descubrió que la crecida del Nilo estaba controlada por un dios llamado Jnum.

Imhotep regresó a Menfis y presentó sus descubrimientos al faraón, quien más tarde le dio las gracias. Tras el encuentro con su canciller,

Zoser recibió la visita del mismísimo dios Jnum en sueños; algunas fuentes afirman que fue Imhotep quien soñó con el dios. Sin embargo, el dios de aspecto bondadoso informó al faraón de la existencia de un templo abandonado en la isla de Elefantina. Jnum afirmaba que los egipcios ya no respetaban a los dioses, especialmente al que les daba la vida a través del río.

Al despertar de su insólito sueño, Zoser consultó con Imhotep y otro de sus gobernadores, y ambos sugirieron al faraón que se embarcara hacia la isla y viera lo del templo. Aceptando la sugerencia, Zoser viajó a la isla de Elefantina. Tal y como había predicho su sueño, el faraón descubrió el templo en ruinas descrito por Jnum unas noches antes. En un esfuerzo por presentar sus respetos al dios, Zoser ordenó a sus sacerdotes y a su pueblo que restauraran el templo y promulgó un decreto por el que debían realizarse ofrendas periódicas a Jnum. Cuando se completó la reconstrucción del templo y los egipcios reanudaron sus ofrendas al dios, Jnum se mostró complacido, lo que provocó el fin de la sequía y la hambruna que habían durado siete años.

El rey Zoser: su capital, expediciones y aportaciones arquitectónicas

Estatua de piedra caliza del faraón Zoser
Jon Bodsworth, uso libre bajo copyright, vía Wikimedia Commons;
https://commons.wikimedia.org/wiki/File:Djoser_statue.jpg

Aunque ya era aclamado como el héroe de Egipto por su pueblo, Zoser siguió añadiendo más títulos y honores a su nombre. Se sabe muy poco de sus primeros años, salvo que probablemente era hijo del último rey de la segunda dinastía, Jasejemuy. Zoser tenía una esposa llamada Hotephirnebty, que también era su hermanastra. El rey también fue conocido por trasladar la capital a Menfis.

También llamada por los egipcios «Men-nefer» (que significa simplemente «estable en belleza»), se creía que Menfis estaba protegida por grandes murallas blancas que brillaban bajo el sol abrasador. La ciudad estaba repleta de monumentos, mercados y grandes templos religiosos que atraían a peregrinos y extranjeros. Gracias a las continuas construcciones y desarrollos encargados por Zoser y sus sucesores, Menfis se convirtió en el centro cultural y comercial más importante del antiguo Egipto. Aunque las ciudades egipcias ya comenzaban a florecer en la primera dinastía, en el reinado de Zoser empezaron a parecer más intrincadas y complejas.

El país aprendió el significado de la paz y la armonía justo después de la unificación de los dos reinos por Narmer; sin embargo, las guerras nunca se resolvieron del todo, especialmente fuera de las fronteras de Egipto. Durante el reinado de Zoser, uno de sus primeros objetivos fue reforzar las fronteras. Con su país asegurado, el rey pasó al siguiente paso: ampliar las fronteras de Egipto. Mediante expediciones militares cuidadosamente planificadas, el rey expandió su poder sobre la región del Sinaí, dando así a los egipcios una forma de extraer minerales preciosos, como cobre y turquesa, de la zona. Bajo las órdenes del rey, los militares egipcios chocaron espadas con los libios y se anexionaron fácilmente algunas partes de sus tierras. Así, Zoser ganó otro honor a su nombre y fue recordado por muchos.

Sin embargo, la mayor contribución de Zoser al antiguo Egipto no fueron sus exitosas expediciones militares, ni siquiera cómo superó milagrosamente la sequía y el hambre. En cuanto Zoser ocupó el trono de Egipto, demostró su afición por la arquitectura y el diseño encargando la construcción de una amplia colección de estructuras y edificios en la ciudad, incluida la primera pirámide de Egipto.

En Saqqara, al noroeste de la resplandeciente Menfis, se encuentra la creación de la que Zoser se sintió más orgulloso: la pirámide de Zoser, también conocida como la pirámide escalonada de Zoser. La pirámide fue encargada por el rey hace al menos 4.700 años en un intento de establecer nuevos estándares para los ritos funerarios de un faraón egipcio. Antes de las pirámides, los reyes y la realeza eran enterrados en tumbas rectangulares hechas de losas de barro conocidas como mastabas. Estas sencillas tumbas solían construirse sobre cámaras subterráneas y solo medían seis metros de altura.

Ejemplo de mastaba
Jon Bodsworth, uso libre bajo copyright, vía Wikimedia Commons;
https://commons.wikimedia.org/wiki/File:Mastaba-faraoun-3.jpg

La pirámide escalonada de Zoser, que se cree que fue idea de Imhotep (Imhotep fue posteriormente deificado por los antiguos egipcios e inmortalizado por los historiadores), fue la estructura más alta que existió en aquella época. La pirámide, formada por seis mastabas apiladas, medía más de sesenta metros de altura y estaba rodeada por un templo, patios, santuarios y viviendas construidas específicamente para los sacerdotes. A diferencia de las mastabas anteriores, esta pirámide estaba hecha enteramente de bloques de piedra caliza.

Pirámide de Zoser

La razón de la altura de la pirámide y de todas las imágenes ornamentadas, estatuas y símbolos tallados en las paredes y columnas varía. Mientras que algunos sugieren que fue simplemente para inspirar admiración, otros afirman que su propósito era ayudar al alma del difunto. En las antiguas creencias egipcias, se creía que las almas de los gobernantes tenían la capacidad de volar de los cielos a la tierra. Por ello, era necesario que los difuntos fueran enterrados en una estructura significativa para que sus almas pudieran reconocer fácilmente su lugar de descanso desde las alturas. De ese modo, podrían visitar el plano terrenal y velar de nuevo por su pueblo.

No se conservan detalles exactos de la construcción de la pirámide, pero historiadores y arqueólogos creen que se tardó años en terminarla, incluso con la ayuda de cientos de hábiles artesanos. Sin embargo, podemos estar seguros de que la pirámide fue en su día el lugar de descanso del rey Zoser. El laberinto de túneles bajo la base de la pirámide se diseñó para confundir y disuadir a los ladrones de tumbas de hacerse con el precioso ajuar funerario y los restos del rey. La cámara funeraria de granito de Zoser no era la única estancia dentro de la pirámide; también había una cámara ceremonial construida para el alma del faraón fallecido. Desgraciadamente, los complejos túneles laberínticos no impidieron que los ladrones de tumbas encontraran la forma de entrar, ya que los restos de Zoser se han perdido, junto con la mayor parte del ajuar funerario. Lo que queda hasta hoy es su pirámide escalonada y algunas de sus hazañas esculpidas en las estructuras que rodean el complejo, que sirven como testimonio de su próspero reinado.

Seneferu y la primera pirámide verdadera

Seneferu fue el primer rey de la cuarta dinastía. Gobernó el vasto reino durante casi veinticuatro años. Considerado por muchos el responsable de haber aportado a Egipto mucha riqueza y estabilidad, el faraón era popularmente conocido por su esfuerzo en perfeccionar la construcción de pirámides. Para financiar sus programas de construcción, Seneferu recurrió a expediciones militares. El faraón lanzó campañas a las tierras de Nubia y Libia. Además de aumentar el suministro de materias primas, Seneferu también buscaba incrementar la mano de obra egipcia. Las fuentes afirman que, debido al éxito de sus incursiones, el faraón consiguió hacerse con un gran número de cautivos, que más tarde serían puestos a trabajar en las obras de construcción de sus pirámides.

Relieve de Seneferu en su templo funerario de Dahshur
Juan R. Lazaro, CC BY 2.0 <https://creativecommons.org/licenses/by/2.0>, vía Wikimedia Commons: https://commons.wikimedia.org/wiki/File:Snefru_hed-seb_festival.jpg

Se cree que su reinado fue un periodo de experimentación, ya que contó con numerosos constructores que levantaron diversas estructuras utilizando una gran variedad de técnicas. El descubrimiento de diferentes técnicas de pintura en las paredes de las tumbas indica claramente que los egipcios estaban experimentando para encontrar la mejor manera de preservar las imágenes y las inscripciones.

La primera pirámide de Seneferu, conocida como la pirámide de Meidum, se encuentra en Dahshur. El complejo contaba con patios, templos y una pirámide de culto que se utilizaba como lugar de adoración para el culto funerario del faraón. Inicialmente diseñada como una pirámide escalonada, el faraón hizo que sus constructores transformaran la estructura en casi una verdadera pirámide, convirtiéndola en la primera pirámide con lados rectos.

La segunda pirámide de Seneferu, que hoy conocemos como la pirámide Doblada, también se erigió en Dahshur. Como su nombre indica, esta pirámide no se parecía a ninguna otra, ya que parecía torcida. La razón de este diseño fue probablemente accidental; el suelo inestable y arenoso bajo la base de la pirámide no dejó a los constructores otra opción que improvisar la pendiente para evitar que la estructura se derrumbara.

Su tercera y última pirámide, también conocida como la pirámide Roja, fue considerada la mejor. Formada por 160 capas de piedra, la pirámide Roja fue la primera verdadera pirámide de Seneferu, con un revestimiento completo de piedra caliza. Esta pirámide también se convirtió en el modelo de las grandes pirámides de Guiza. También es la cuarta pirámide más alta que se conserva en Egipto.

Pirámide de Meidum

La pirámide Doblada

La pirámide Roja de Seneferu

Las pirámides de Guiza

Tal vez siguiendo los pasos de su padre, Keops inició la construcción de su lugar de descanso poco después de su sucesión al trono en 2575 a. e. c. Depositó su confianza en su arquitecto, Hemiunu, quien dijo al faraón que necesitaba al menos dos décadas para terminar la pirámide. Se necesitaba una cantidad impensable de piedra caliza y granito, y se cree que Hemiunu también tuvo que excavar más de seis kilómetros de canal antes de poder empezar a construir los cimientos de la pirámide.

El enorme proyecto de construcción requirió la energía de veinticinco mil trabajadores. Sin embargo, contrariamente a la creencia popular, estos trabajadores de la construcción no eran todos esclavos o cautivos de guerra. De hecho, Egipto tenía su propia mano de obra; los egipcios estaban obligados a realizar trabajos para el gobierno durante todo el año. Estos constructores no solo debían mover y ordenar los enormes bloques de piedra caliza durante diez horas diarias, sino que también eran responsables de fabricar las herramientas que necesitaban para el trabajo, así como de tareas administrativas. El gobierno egipcio preparaba casas y comida para los trabajadores. Algunas fuentes afirman que los que trabajaban en la pirámide vivían mejor que el ciudadano medio.

La Gran Pirámide de Guiza
Nina en la Wikipedia en noruego bokmål, CC BY-SA 3.0
<*http://creativecommons.org/licenses/by-sa/3.0/*>, *vía Wikimedia Commons:*
https://commons.wikimedia.org/wiki/File:Kheops-Pyramid.jpg

El proceso de construcción de la pirámide era bastante complicado; un pequeño error en la base de la pirámide podía provocar un terrible fracaso en la cima. Aunque los historiadores y arqueólogos actuales han descubierto dónde obtuvieron los egipcios los materiales necesarios para construir la colosal estructura —las piedras se extrajeron de un yacimiento de Guiza, mientras que el revestimiento de piedra caliza se obtuvo de Tura, la principal cantera de piedra caliza del antiguo Egipto, justo al otro lado del Nilo—, nadie es capaz de determinar el proceso exacto de su construcción. Se calcula que, una vez terminada, la pirámide estaba formada por 2,3 millones de bloques de piedra caliza, cada uno de los cuales pesaba entre 2,5 y 15 toneladas.

La segunda pirámide de Guiza fue construida por el hijo de Keops, Kefrén, en algún momento del año 2520 a. e. c. Mientras que la gran pirámide de Keops fue nombrada la estructura más grande y más alta de Egipto en ese momento, la característica más prominente de la pirámide de Kefrén fue la misteriosa estatua de piedra caliza llamada la Esfinge. Al igual que la pirámide de Keops, la parte exterior de la pirámide de Kefrén estaba recubierta de piedra caliza, lo que la hacía brillar bajo el sol. En la cúspide de las pirámides se podía encontrar una piedra de remate dorada, que, según las fuentes, brillaba incluso bajo el cielo nocturno.

Unas tres décadas después de la construcción de la pirámide de Kefrén, el complejo vio nacer la tercera y última tumba. La pirámide era considerablemente más pequeña que las otras dos y fue construida para el faraón Micerino, hijo de Kefrén. A pesar de su tamaño, la pirámide tenía un templo más complejo en comparación con sus dos predecesoras.

Capítulo 5: El primer periodo intermedio: Tebas, Menfis y Heracleópolis

Entre sus muchas creencias e ideologías, los antiguos egipcios creían que sus gobernantes o faraones eran la verdadera encarnación de la paz, la justicia y la divinidad (La mayoría de los faraones eran hombres, aunque había algunas mujeres faraonas). Una vez coronados como gobernantes de Egipto, el destino del reino recaía sobre sus hombros. Los faraones debían supervisar su reino con la bendición de los dioses. Los presagios y las señales no debían tomarse a la ligera, ya que se consideraban mensajes de poderosas deidades. Los gobernantes debían dirigir actos religiosos y campañas militares contra potencias extranjeras más allá de las fronteras de Egipto. También debían velar por el bienestar de sus súbditos sin descanso y alimentarlos en los momentos difíciles, al tiempo que garantizaban la justicia en tribunales y juicios.

De hecho, el poder de un faraón sobre las tierras del Nilo era supremo, pero incluso el gobernante divino necesitaba apoyo para garantizar que Egipto nunca cayera en el caos. El siguiente en la jerarquía era el visir del faraón, un alto cargo dentro del gobierno similar a un primer ministro actual. Al principio, el cargo solo podía ocuparlo un miembro de la familia real. Sin embargo, en la sexta dinastía, los faraones solían nombrar a una persona en función de su lealtad y sus atributos. Además de ser portadores del sello del faraón, los visires también se encargaban de los registros comerciales, la tesorería del gobierno, los graneros centrales, los archivos estatales e incluso la construcción de monumentos y estructuras en todo el valle. Los visires contaban con el apoyo de los nomarcas. Como gobernadores nombrados por el rey, los nomarcas eran los encargados de mantener bajo control los nomos o provincias egipcias.

Algunos de los funcionarios del gobierno actuaban como los más firmes partidarios del faraón. Aunque tenían poder para supervisar ciertos aspectos del gobierno, debían hacerlo con la bendición del faraón. Así fue, sin embargo, hasta el declive del Reino Antiguo. Inmediatamente después de la muerte de Pepi II, Egipto vio los primeros signos de un gobierno descentralizado, a medida que los nomarcas crecían en poder y acababan revirtiendo los esfuerzos de Narmer. El reino volvió a dividirse.

Aunque muchos sugieren que el Reino Antiguo empezó a desmoronarse al final del reinado de Pepi II, otros afirman que las señales ya eran visibles antes incluso de que el faraón fuera coronado. Todo empezó cuando el cuarto rey de la sexta dinastía, Pepi I, otorgó sin saberlo más poder e influencia a los nomarcas. Primero se casó con dos hijas de un nomarca y nombró visir al hermano de estas. Años más tarde, Pepi II concedió aún más poder a estos funcionarios provinciales, quizás porque necesitaba más apoyo debido a sus largos años de reinado y a su avanzada edad. Sin embargo, esta medida hizo que no solo tuvieran más influencia sobre la población del Nilo, sino que también se enriquecieran enormemente. Los nomarcas llevaban un estilo de vida lujoso, sobre todo estando exentos de impuestos. Vivían en opulentos palacios, poseían enormes propiedades y estaban totalmente protegidos por su propio ejército. Al morir, descansaban en elaboradas tumbas.

Para empeorar las cosas, Pepi II nombró dos visires en su corte en lugar de uno. Uno de ellos fue enviado al Alto Egipto para supervisar todos los asuntos oficiales en nombre del rey, mientras que el otro adquirió poder sobre el Bajo Egipto. Esta decisión contribuyó sin duda a la división del reino en el primer periodo intermedio.

Pepi II gobernó Egipto durante 96 años —algunos sugieren que fueron 64 años—, convirtiéndose en el monarca que más tiempo ha ocupado el trono. El faraón murió en 2184 a. e. c. y dejó Egipto sumido en la confusión. Su hijo, Merenra II, que era bastante mayor, ocupó el trono. Sin embargo, es plausible que su poder solo se limitara a la capital. Para entonces, muchos creían que el reino ya no tenía salvación, pues el creciente poder de los nomarcas había abierto una grieta en el gobierno central, haciendo tambalear la autoridad del faraón.

A medida que el reino entraba en el primer periodo intermedio (una época que muchos clasifican como la edad oscura de Egipto), su pueblo seguía temiendo por su futuro, ya que el caos o *isfet* se vislumbraba claramente en el horizonte. La tierra fue testigo de más de un individuo que pretendía ser el gobernante del vasto valle, lo que era una enorme señal de inestabilidad. Según Manetón, durante la séptima dinastía, Egipto fue gobernado por setenta reyes diferentes en el lapso de setenta años. Sin embargo, lo más probable es que se tratara de una metáfora para describir el estado fragmentado del reino.

Al igual que la séptima dinastía, la siguiente línea de gobernantes (la octava dinastía) solo nos dejó escasas pruebas. No se ha descubierto gran cosa sobre sus reinados, salvo que tenían poco o ningún poder en el reino. Las tierras estaban gobernadas casi en su totalidad por los nomarcas que, en ocasiones, hacían la guerra entre sí y coaccionaban a los habitantes de otros nomos para que aceptaran su reinado. Al tener diferentes señores, el destino de los egipcios era bastante incierto. Los que residían en un nomo gobernado por un nomarca temerario se enfrentaban a múltiples desafíos. Los que tenían la suerte de estar bajo el mando de un nomarca considerado tenían más posibilidades de conciliar el sueño por la noche. Se dice que un nomarca llamado Anjtifi cuidó de su nomo con responsabilidad. Según su inscripción autobiográfica, se creía que el nomarca había erradicado la hambruna que asolaba a su pueblo suministrando grano a la población.

Mientras los nomarcas ávidos de poder intentaban aumentar su poder, Heracleópolis, una ciudad del Bajo Egipto, vio surgir a un individuo que se autoproclamó nuevo faraón de Egipto. Su nombre era Meryibra Jety I, fundador de la novena dinastía de Egipto, también conocida como la Casa de Jety. A pesar de tener el título de rey, Jety nunca gozó del favor de sus súbditos. Manetón afirmaba que el rey era el peor de todos. La violencia era su respuesta a todo, y aquellos que se negaban a reconocerlo se enfrentaban a un destino aún peor que la muerte. Se cree que su cruel reinado fue despreciado por los dioses, ya que el rey pronto enloqueció y murió (al parecer, se lo comió un cocodrilo).

La Casa de Jety siguió reclamándose como reyes, aunque su poder no fue suficiente para frenar a los nomarcas gobernantes. Las fuentes afirman que también hubo momentos en los que lucharon con los que vivían dentro de Heracleópolis. Se dice que la Casa de Jety se vio obligada a lidiar con el ascenso de la décima dinastía durante casi una década hasta que finalmente pudieron suprimirlos de una vez por todas, cortando así definitivamente sus planes de hacerse con el trono.

Fuera de Heracleópolis, Anjtifi fue ganando protagonismo. A pesar de afirmar haber servido al rey desde Heracleópolis, Anjtifi tenía un ambicioso plan para expandir su poder sobre el reino, concretamente sobre los territorios del sur de Egipto. Así, trabajó para hacerse con el control de dos nomos en el sur antes de pasar a apoderarse de las ciudades de Tebas y Gebtu. Sin embargo, su intento fracasó cuando las dos ciudades formaron una alianza para repeler su ataque. La disputa entre las dos facciones duró un par de años. Finalmente, Anjtifi fue derrotado, con lo que Tebas se hizo con el control de los nomos en poder del ambicioso nomarca. Con el fin del conflicto, Tebas vio nacer la dinastía XI, fundada por un individuo llamado Intef I. Al proclamarse a la vez rey de Egipto e hijo de Ra, Intef inició oficialmente una guerra con el vecino gobernante de Heracleópolis.

Los conflictos entre los dos reyes rivales se prolongaron durante años, desde el reinado de Intef I hasta el de sus sucesores, Intef II e Intef III. En la época del faraón tebano Mentuhotep II, Egipto empezaba a ser testigo de claros signos de unificación. Aunque controlaban el Bajo y el Medio Egipto, los reyes de Heracleópolis pronto firmaron su propia sentencia de muerte al dañar la necrópolis real de Abidos. Sin dudarlo, Mentuhotep II envió sus tropas al norte, donde atacaron la propia ciudad de Heracleópolis. El rey tebano y sus ejércitos derrotaron rápidamente a la guarnición enemiga y arrasaron inmediatamente la ciudad. Los opositores fueron masacrados y las numerosas tumbas de las familias reales fueron profanadas.

El destino de su rival, el rey de Heracleópolis, sigue siendo un misterio, pero podemos estar seguros de que Mentuhotep logró una gran victoria durante esta batalla y se convirtió en el único gobernante de Egipto, unificando así el reino y dando inicio al floreciente Reino Medio.

Relieve de Mentuhotep II

Aprendiendo de los errores cometidos por los últimos gobernantes del Reino Antiguo, que condujeron a la descentralización del poder en Egipto, Mentuhotep reformó inmediatamente el sistema de gobierno del reino. Limitó los poderes de los nomarcas y estableció una serie de nuevos cargos de gobierno, que más tarde solo fueron otorgados a sus hombres más leales. Se animó a los funcionarios del gobierno de la capital a visitar regularmente los numerosos territorios de Egipto para que pudieran vigilar de cerca a los líderes regionales.

Además de lanzar campañas más allá de las fronteras de Egipto y fortalecer el nombre del reino a ojos de las potencias extranjeras, Mentuhotep II también se centró en la construcción de numerosos templos por todo el valle, aunque pocas de sus obras han sobrevivido. Su mayor proyecto de construcción no fue otro que su gran templo mortuorio, que más tarde se convirtió en una gran inspiración para una faraona del Imperio Nuevo, Hatshepsut.

Capítulo 6: La unificación de Egipto: El auge del Reino Medio

Puede que la unificación de Egipto se atribuyera a Mentuhotep II, pero el reino no estuvo completamente libre del caos; hicieron falta décadas, si no siglos, y los reinados de varios reyes competentes para que Egipto se recuperara finalmente y diera paso a otra edad de oro. Tras gobernar las tierras durante algo más de cincuenta años, Mentuhotep II abandonó el mundo de los vivos para tomar asiento entre los dioses, dejando su trono y su legado a su hijo, Sanjkara Mentuhotep III.

Se cree que Mentuhotep III tomó el manto a una edad avanzada y gobernó Egipto durante solo doce años. A pesar de su breve reinado, consiguió grabar su nombre de forma permanente en los libros de historia, sobre todo gracias al éxito de su expedición a Punt, una expedición que no se había emprendido desde los últimos gobernantes del Reino Antiguo. Cuando Mentuhotep III entraba en el octavo año de su reinado, el rey envió al menos tres mil hombres bajo el mando de su mayordomo de mayor confianza, conocido como Henenu, hacia el mar Rojo, donde se les encomendó la tarea de librar a la región de cualquier rebelde y reabrir las rutas comerciales hacia Punt y Libia. El éxito de la expedición recompensó a Egipto con valiosos recursos, ya que las tropas regresaron a Guebtu con incienso, perfumes, goma y piedras extraídas de Uadi Hammamat, una importante región minera y de canteras cercana al Nilo.

Aparte de las expediciones, Mentuhotep III también fue elogiado por sus proyectos de construcción. El templo de Montu, que se cree que fue construido por los gobernantes del Reino Antiguo para honrar al dios de la guerra con cabeza de halcón, fue ampliado bajo las órdenes de Mentuhotep III. Todavía se conservan partes de la estructura que muestran un relieve del rey y que actualmente se exponen en el Louvre.

Otro templo dedicado a Montu se erigió en la cima de la colina de Thot, el pico más alto que domina el Valle de los Reyes de Egipto. Este templo de adobe fue destruido, posiblemente debido a un terrible terremoto que aterrorizó la tierra a finales de la dinastía XI. Tal vez para honrar y agradecer a su padre el haberle concedido un reino casi próspero, el rey terminó muchos de los proyectos inacabados de Mentuhotep II en Abidos, El Kab, Armant, El-Tod y Elefantina.

Los restos del templo de Montu
https://commons.wikimedia.org/wiki/File:Medmoud_vue_g%C3%A9n%C3%A9rale.JPG

Mentuhotep III murió en torno a 1998 a. e. c. —algunas fuentes afirman que murió antes— y lo que ocurrió tras su muerte no se documentó adecuadamente, dando lugar a diversas opiniones. El Canon Real de Turín, un antiguo papiro que contiene una lista de los reyes de Egipto, afirma que tras la muerte de Mentuhotep III, los egipcios vivieron siete años sin gobernante. Sin embargo, con las pocas pruebas que quedaron y se descubrieron, los egiptólogos han llegado a la conclusión de que Egipto acogió a otro rey, aunque su reinado no fue tan importante como el de su predecesor.

Se dice que el trono pasó a manos del hijo de Mentuhotep III, llamado Mentuhotep IV. Su reinado fue aún más corto que el de su padre; el último rey de la dinastía XI gobernó Egipto durante solo seis años. No se conservan inscripciones sobre sus acciones. Sin embargo, es plausible que Mentuhotep IV ya hubiera pasado sus días de gloria cuando tomó las riendas y que ya hubiera predicho su desaparición. Se cree que, durante sus primeros años en el trono, el rey se dedicó por completo a construirse una tumba perfecta. Encargó a su visir, Amenemhat, una importante misión. El anciano rey le ordenó viajar fuera de los seguros muros de Tebas para buscar piedras de gran calidad que pudieran utilizarse para elaborar un intrincado sarcófago real. Amenemhat descubrió una cantera durante su viaje, completando así su misión. El yacimiento existe hoy en día y cuenta con una inscripción que acredita el esfuerzo de Amenemhat por hacer realidad el deseo de su rey.

Cuando Mentuhotep IV murió finalmente por causas desconocidas, Egipto volvió a sumirse en el caos, ya que no dejó ni sucesor ni heredero. Amenemhat, que probablemente vio la oportunidad de expandir su poder, tomó el manto y se proclamó nuevo rey de Egipto y fundador de la dinastía XII. Cómo ascendió al trono sigue siendo un misterio. Algunos sugieren que lo hizo pacíficamente, mientras que otros afirman que fue él quien asesinó en secreto a Mentuhotep IV. Lo que sí sabemos es que su reinado no fue muy aceptado al principio.

Relieve que representa a Amenemhat I

Museo Metropolitano de Arte, CC0, vía Wikimedia Commons:

Ahora conocido como Amenemhat I, el nuevo rey hizo un movimiento para fortalecer aún más su posición. El rey sabía que se había creado muchos enemigos, sobre todo porque por sus venas no corría sangre real. Al principio, Amenemhat tuvo que enfrentarse al menos a dos rivales que también reclamaban el trono egipcio. Sin embargo, Amenemhat logró eliminar la amenaza sin oponer gran resistencia. Tras obtener cierto apoyo de su pueblo, que empezaba a aceptarlo como su nuevo gobernante, Amenemhat llenó sus primeros días en el trono con navegaciones arriba y abajo del Nilo para derrotar a los rebeldes y a quienes expusieran la más mínima señal de oposición.

Los primeros años de su reinado fueron realmente impopulares. Al principio gobernó con mano de hierro, lo que alejó aún más a los egipcios de él. Un nomarca que respondía al nombre de Nehri afirmó concretamente que Amenemhat era tan despiadado que tuvo que rescatar a su pueblo del terror del rey. En cambio, los que se inclinaron voluntaria y fielmente ante el nuevo faraón fueron recompensados con creces y se salvaron del castigo. Muchos de ellos incluso fueron nombrados nuevos nomarcas y visires.

Finalmente, Amenemhat I logró sofocar las rebeliones y restaurar el orden en todo el reino. Para demostrar a su pueblo que su reinado no era más que el comienzo de una nueva era dorada, el rey egipcio inició varios proyectos de construcción, la mayoría de ellos dedicados al dios más poderoso, Amón. Aunque lo que queda del mayor templo de Amenemhat son solo piezas, el templo fue absorbido por un complejo construido por los gobernantes del Imperio Nuevo unos cientos de años más tarde. En la actualidad, los restos del templo de Amenemhat se encuentran en el enorme complejo del templo de Karnak.

A los treinta años de reinado sobre las vastas tierras del Nilo, Amenemhat inició la construcción de Amenemhat-itj-tawy (más conocida como Ity-tauy), que pronto se convirtió en la capital de la dinastía XII. Desde el punto de vista del rey, la ciudad era importante, ya que actuaba como símbolo del renacimiento de la civilización egipcia. A través de este renacimiento, Amenemhat fue capaz de revivir viejas tradiciones. La pirámide, que se había construido por última vez más de dos siglos antes del reinado de Amenemhat, empezó a resurgir. El rey llegó incluso a reutilizar los bloques de la gran pirámide para construir su propia pirámide, con la esperanza de que pudiera igualar o tal vez superar los estándares establecidos durante el Reino Antiguo.

Además de revivir las antiguas tradiciones y ordenar grandes proyectos de construcción, al rey también se le atribuyó la restauración y el fortalecimiento de la influencia de Egipto en el extranjero. Desde el caótico gobierno de la sexta dinastía, las fronteras de Egipto se fueron debilitando gradualmente, lo que provocó la llegada de asaltantes procedentes de todos los rincones de las fronteras del reino. El este estaba aterrorizado por los cananeos, mientras que los libios mostraban sus colmillos en el oeste y los nubios en el sur. Al presenciar el levantamiento de los nubios, que establecieron su propio estado y se dieron títulos reales que imitaban a los reyes egipcios (uno de ellos afirmaba ser el hijo vivo de Ra), Amenemhat puso en marcha una estrategia para reprimir a los nubios y asegurar las fronteras egipcias. Primero construyó fortalezas a lo largo de la frontera. Durante los últimos diez años de su reinado, el rey lanzó un ataque total contra la Baja Nubia. La ciudad nubia de Buhen, situada estratégicamente cerca de la segunda catarata del Nilo, fue capturada por los egipcios y convertida en una de las mayores fortalezas de Egipto. Con ello, Egipto logró restablecer su influencia militar en Nubia, allanando así el camino para que el reino reabriera y ampliara sus rutas comerciales.

Para asegurar su legado y garantizar la prosperidad de Egipto, Amenemhat tuvo cuidado de no dejar el trono sin sucesor. Durante su vigésimo año de reinado, el rey nombró sucesor a su hijo Sesostris. Para que su hijo aprendiera a gobernar, Amenemhat lo nombró corregente.

Cuando Sesostris recibió la noticia de la repentina muerte de su padre, no dudó en reclamar sus derechos al trono. La leyenda cuenta que su difunto padre lo visitó en sueños. Más tarde, su difunto padre le explicó la razón de su muerte: había sido asesinado por sus propios guardaespaldas. Aconsejado por su padre para que no confiara plenamente en nadie, Sesostris persiguió a todos los rivales posibles y los eliminó rápidamente. Su implacable avance pronto alcanzó más allá de las fronteras de Egipto, ya que lanzó con éxito campañas contra Nubia hasta la tercera catarata del Nilo, que recompensó a Egipto con atractivos suministros de oro y cobre.

Con las nuevas riquezas obtenidas tras pacificar el sur, Sesostris siguió los pasos de su padre, llenando las tierras de estructuras aún más impresionantes. Una de sus construcciones más populares y que aún se mantiene en pie es el obelisco de Heliópolis, que mide al menos veinte metros de altura.

El obelisco de Sesostris
https://commons.wikimedia.org/wiki/File:Heliopolis200501.JPG

Sesostris gobernó Egipto durante 45 años y fue sucedido por su hijo, Amenemhat II, que pasó a la historia egipcia como otro de los gobernantes más poderosos del Reino Medio, sobre todo por sus exitosas campañas militares y políticas comerciales. Siguiendo la tradición iniciada por Amenemhat I, el rey nombró a su hijo, Sesostris II, corregente y le pasó el manto cuando finalmente murió tras 35 años de gobierno. Aunque el reinado de Sesostris II fue descrito como un periodo de paz, gracias a los continuos esfuerzos de sus predecesores, Sesostris III ha sido calificado como el rey más recordado de la dinastía XII.

A medida que Egipto seguía prosperando, el reino fue testigo de un rápido crecimiento de su población. Sin embargo, este crecimiento preocupó a Sesostris III, ya que el gobierno central empezó a mostrar signos de debilitamiento, especialmente cuando los nomarcas comenzaron a gobernar sus respectivas provincias de forma más independiente. Para evitar que la historia se repitiera y eliminar cualquier posibilidad de una nueva guerra civil, Sesostris III introdujo una nueva reforma política. En virtud de esta reforma, los nomarcas fueron llamados a la capital y se les asignaron cargos en la corte, lo que les impedía supervisar las operaciones en sus territorios. Al trasladar a los nomarcas a la capital, Sesostris podía vigilarlos de cerca y detener fácilmente sus planes si mostraban signos de oposición.

Además de estabilizar el gobierno central, a Sesostris también se le atribuyó la protección de las fronteras egipcias y las rutas comerciales. En los primeros años de su reinado, el rey lanzó una serie de campañas devastadoras contra Nubia y salió victorioso la mayoría de las veces, hasta el punto de que pudo presumir de su éxito en una gran estela erigida en Semna. Sesostris III afirmó que, bajo su liderazgo, las campañas provocaron muchas muertes de nubios, mientras que las mujeres fueron tomadas como esclavas, sus cosechas destruidas y sus fuentes de agua envenenadas. Se construyeron nuevas fortalezas a lo largo de la frontera, lo que ayudó en gran medida a sus futuras campañas.

Sin embargo, Nubia no fue la única región a la que el rey prestó atención, ya que también dirigió sus tropas contra Siria. Aunque Sesostris III pretendía expandir su poder, la campaña en Siria también se hizo para asegurarse valiosos recursos. La mayor parte del botín se destinó a los grandes templos de Egipto. El faraón ordenó la reconstrucción de los templos y los renovó con montones de piedras valiosas, como lapislázuli, oro y malaquita.

A Sesostris III le sucedió su hijo, Amenemhat III, que había servido al reino durante el reinado de su padre como corregente. Amenemhat reanudó los proyectos de su padre. En algún momento de sus 45 años en el trono, Egipto alcanzó su apogeo, lo que se debió sobre todo a los esfuerzos del rey por elevar el estado económico del reino. Su trabajo en el sistema de aguas benefició enormemente a las actividades agrícolas de Egipto, y su participación en la mejora de las instalaciones cercanas a las minas de turquesa del Sinaí también fue apreciada por muchos. Aparte de encargar un templo para la diosa del amor y la fertilidad, Hathor, el mayor logro arquitectónico de Amenemhat III fue el Laberinto, un impresionante complejo subterráneo desaparecido hace mucho tiempo que fue descrito por el historiador griego Heródoto.

Capítulo 7: El declive del Reino Medio y el reinado de los hicsos durante el segundo periodo intermedio

Tras la muerte de Sobekneferu, a los egiptólogos solo les quedan de nuevo misterios e interrogantes, ya que sobrevivieron pocas pruebas que pudieran describir los acontecimientos que tuvieron lugar en el reino. El Canon Real de Turín menciona a algunos reyes que gobernaron las tierras tras el final de la dinastía XII, pero el registro está dañado y dista mucho de ser completo. La dinastía XIII ha sido descrita por los historiadores como bastante oscura. Nadie ha sido capaz de determinar cómo el primer rey de la dinastía XIII tomó el relevo de Sobekneferu, la primera mujer faraón, aunque la mayoría de las fuentes coinciden en que no hubo ningún baño de sangre, sino que el trono pasó al siguiente gobernante pacíficamente. Es plausible que Sobekneferu, al igual que su predecesor, no nombrara a nadie para sucederla. Sin un hijo propio, ni siquiera un heredero de su familia inmediata, Egipto no tuvo más remedio que dar la bienvenida a un nuevo gobernante de una familia completamente diferente.

La identidad del primer rey de la dinastía XIII sigue siendo un misterio. Los egiptólogos suelen calificar de confusa la cronología de este periodo. No obstante, el rey anónimo apenas tuvo que hacer frente a obstáculos cuando reclamó el trono, ya que no había indicios de amenazas o rebeliones. Sin embargo, esto no significaba que Egipto atravesara un periodo de paz, ya que muchas fuentes afirman que el reino fue testigo de casi 70 reyes diferentes en el transcurso de 150 años. Al igual que en el primer periodo intermedio, estos breves reinados de docenas de reyes fueron un gran signo de inestabilidad política. Se trataba de una nueva era de Egipto conocida por la historia como el segundo periodo intermedio.

Afortunadamente, el reino nunca sufrió grandes cambios durante las primeras décadas de la dinastía XIII. Los gobernantes seguían incluso reinando desde la misma capital, Ity-tauy, posiblemente debido a la sistemática burocracia gubernamental establecida por los grandes gobernantes de la dinastía anterior. El reino estaba supervisado no solo por el rey, sino también por sus visires, otros altos cargos y funcionarios. Los egiptólogos han llegado a sugerir que el rey no era más que una figura decorativa durante este periodo. Es posible que solo desempeñara un papel importante por motivos religiosos.

Pero, por supuesto, sin un gobernante muy capaz al timón, el poder del gobierno central menguó. A diferencia de los grandes reyes de finales de la dinastía XII, los gobernantes de la dinastía XIII apenas abandonaron su trono en la capital de Ity-tauy. Sin la supervisión del gobernante, las provincias comenzaron a distanciarse, y el gobierno central perdió gradualmente su eficacia. Durante el reinado de Sebekhotep IV, Egipto empezó a ver señales más claras de colapso. Aunque historiadores y expertos coinciden en que fue el gobernante más poderoso de la dinastía, el futuro del reino ya estaba escrito y no podía alterarse. Las numerosas fortalezas construidas a lo largo de las fronteras del sur empezaron a ser abandonadas, y muchos de los guardias y soldados destinados en las guarniciones optaron por desertar y ponerse del lado del creciente poder del reino nubio de Kush. Casi lo mismo podía decirse de las fortalezas del Sinaí y Canaán. Como había menos tropas en las guarniciones, los hombres acababan disolviéndose o eran llamados de vuelta a la capital.

También se estaban gestando problemas en el brazo oriental del delta del Nilo, especialmente en la ciudad de Avaris. Fundada inicialmente por Amenemhat I de la dinastía XII, la ciudad estaba habitada principalmente por inmigrantes procedentes de Asia occidental y partes de Levante. Algunos de estos inmigrantes fueron enviados a Egipto como esclavos, aunque también hubo quienes fueron voluntariamente en busca de un trabajo que pudiera recompensarlos con suficiente comida en la mesa.

Podían trabajar en una de las muchas obras de construcción diseminadas por el valle.

La ciudad de Avaris, en el Bajo Egipto

Dado que Avaris estaba estratégicamente situada cerca de las orillas del mar Mediterráneo, la ciudad se convirtió en un lugar popular para los comerciantes, lo que acabó atrayendo a más inmigrantes, especialmente cananeos. A pesar de conservar la mayor parte de su cultura, los cananeos que llamaron a Avaris su nuevo hogar fueron culturalmente egipcios con el paso del tiempo. Hacia 1800 a. e. c., cuando el Reino Medio estaba en su apogeo, estos cananeos «egipcianizados» empezaron a poblar las grandes ciudades de todo el reino. Algunos de los que permanecieron en Avaris consiguieron puestos en el gobierno egipcio, mientras que muchos otros se enriquecieron enormemente con sus florecientes negocios comerciales.

Al ver el debilitamiento del gobierno central, sobre todo cuando el poder del rey apenas estaba presente en las numerosas provincias, estos ricos inmigrantes empezaron a idear un plan propio para afirmar aún más su poder e influencia en el vasto reino. En algún momento entre 1750 a. e. c. y 1700 a. e. c., nació una nueva dinastía. La dinastía XIV estaba formada principalmente por gobernantes de Canaán y Levante. Esta dinastía se considera aún más misteriosa que la dinastía XIII. Sin embargo, sabemos que los gobernantes de esta dinastía recién formada reinaron desde la ciudad de Avaris. Las dos dinastías coexistieron entre sí y se cree que tuvieron dificultades para expandir su poder. Los egipcios se enfrentaron de nuevo a una hambruna, y ambas dinastías lucharon por subsistir debido al terrible estado económico causado por el decaimiento de los negocios comerciales.

A pesar de contar con el apoyo de la mayoría de las provincias del Alto Egipto, la dinastía XIII fue incapaz de tomar la iniciativa y asegurar los territorios del delta oriental, controlados por el soberano de la dinastía XIV. Este último tampoco fue capaz de expandir su influencia más allá del delta del Nilo debido a la debilidad militar de su estado. Esto abrió inadvertidamente la puerta para que un grupo de gente más fuerte mostrara su poder e invadiera el reino. Procedían del este y en la lengua egipcia se les denominaba *heka khasut*, más conocidos por nosotros como los hicsos («gobernantes de tierras extranjeras»).

Era la primera vez que Egipto se veía obligado a inclinarse ante una potencia extranjera. Sin embargo, la forma en que los hicsos penetraron en el reino e impusieron su dominio sobre el vasto valle sigue siendo objeto de debate. Según Manetón, se cree que entraron en Egipto en carros desde el este portando arcos compuestos y otra tecnología avanzada de la Edad de Bronce. También llamados invasores, los hicsos se apoderaron del Bajo Egipto por la fuerza. La opresión fue su respuesta absoluta para asegurarse de que los egipcios cedieran. Manetón afirmó que no solo saquearon a los gobernantes de la tierra con gran agresividad, sino que también incendiaron varias ciudades egipcias, destruyendo muchos de los templos más sagrados del reino. Los egipcios que sobrevivieron a la brutal masacre y se rindieron no estaban ni mucho menos a salvo. Fueron sometidos a esclavitud; ni siquiera las mujeres y los niños se salvaron.

Con los egipcios —ya fueran nobles o plebeyos— tendidos sin vida en el suelo o forzados a la esclavitud, los hicsos nombraron a uno de los suyos nuevo rey de Egipto. El rey era conocido como Salitis, y gobernó desde Menfis con mano de hierro. Le sucedieron cinco reyes más, cuyos reinados combinados duraron al menos un siglo. Sin embargo, los relatos de Manetón sobre los hicsos deben tomarse con cautela, sobre todo porque sus descripciones del acontecimiento se escribieron al menos 1.400 años después de la invasión y estaban impregnadas de opiniones sesgadas. Aunque Manetón afirmaba que los hicsos utilizaron la violencia para conquistar el norte de Egipto, los hallazgos arqueológicos sugieren lo contrario. Dado que no había señales claras de grandes bajas y daños en la mayoría de las principales ciudades del delta oriental, incluida Avaris, los egiptólogos llegaron a la conclusión de que la invasión no fue una campaña de terror como sugería Manetón.

No obstante, en 1600 a. e. c. los hicsos ya habían logrado expandir su influencia. Tras sembrar inicialmente su poder solo en las ciudades dispersas por el delta oriental, los invasores extendieron su dominio hasta la región de Beni Hasan, en el Egipto Medio. Sin embargo, mientras los hicsos se ocupaban de expandir su dominio sobre la mitad del reino, nacía otra dinastía, esta vez en Tebas. Clasificada como la dinastía XVI, algunas fuentes afirman que, de hecho, fue establecida por lo que quedaba de la oscura dinastía XIII, cuyos miembros posiblemente buscaron refugio en Tebas. Otros sugieren que se trataba de una línea de gobernantes completamente nueva fundada por una familia tebana. Cualquiera que fuera su origen, podemos estar seguros de que los gobernantes de la dinastía XVI se enfrentaron constantemente a conflictos y obstáculos. Tebas estaba situada en medio del caos; las regiones del norte habían sido conquistadas en su mayoría por los hicsos, mientras que las fortalezas egipcias del sur estaban bajo el control de los kushitas. Las incursiones de los hicsos, las rebeliones de los nativos y el hambre sacudieron la dinastía y su capital.

Los hicsos y sus numerosas regiones, por el contrario, florecían. La población crecía sin cesar y la economía florecía. Los gobernantes hicsos consiguieron elevar los vínculos comerciales de Egipto con casi todo el mundo conocido. Diversos objetos procedentes de Levante empezaron a aparecer con más frecuencia que antes en los mercados locales, atrayendo aún a más comerciantes. También se cree que los reyes hicsos entablaron contacto con gobernantes de otros reinos. Por ejemplo, un rey en particular conocido como Jyan hizo grabar su nombre en algunos artefactos que posiblemente se enviaron a distintos reinos del mundo antiguo. En Hattusa, una antigua ciudad del centro de Turquía, se descubrió un juego de cuencos con el nombre del rey inscrito, y en Cnosos, la capital de la civilización minoica, se hallaron otros objetos con su nombre.

Las regiones bajo los hicsos fueron testigos de un creciente número de nuevos templos, aunque la mayoría de ellos se construyeron en honor del dios cananeo de la fertilidad, Baal, y no de las deidades egipcias. Por supuesto, con su estabilidad y creciente poder, los gobernantes hicsos, concretamente Apofis y Jamudy, empezaron a trabajar en una ambición aún mayor. Planeaban tener todo Egipto a su alcance y eliminar a cualquier rival que se interpusiera en su camino.

Con el rey Seqenenre Tao, de la dinastía XVII, Egipto comenzó a oponerse a los hicsos. Según Manetón, el rey egipcio habría sido insultado por el rey hicso Apofis, lo que finalmente dio lugar a una cruenta batalla. Como no quería que un invasor extranjero manchara su reputación, Seqenenre Tao reunió a sus tropas y partió de Tebas. Sin embargo, la suerte no estuvo del lado de Seqenenre, ya que la lucha fue ganada por los hicsos. Podría ser plausible que Seqenenre cayera en una de las escaramuzas contra los hicsos, ya que su momia fue descubierta con heridas de batalla.

Los tebanos estaban entonces dirigidos por otro rey de la dinastía XVII, Kamose, que era hijo de Seqenenre. El rey tebano se hartó de los impuestos creados por el gobierno hicso. Reanudó la campaña de su padre e intentó hacer realidad su sueño, que consistía en liberar las tierras de Egipto de una potencia extranjera. Tras pasar la mayor parte de su tiempo en el trono trazando estrategias, Kamose lanzó un ataque devastador contra Avaris y masacró a quienes se interpusieron en su camino o mostraron su apoyo a los hicsos. Aunque su inscripción nos dice que logró arrasar la ciudad fortificada de Avaris, los egiptólogos coinciden en que la descripción del suceso podría incluir un toque de exageración. Los hicsos seguían controlando el Bajo Egipto tras los ataques lanzados por Kamose.

Tras liderar a los tebanos entre tres y cinco años, Kamose fue sucedido por su hermano Amosis. Al igual que sus predecesores, Amosis, que asumió el poder siendo sólo un niño, tenía la misma ambición: expulsar a los gobernantes extranjeros de Egipto de una vez por todas. Encabezó varias campañas contra el último rey hicsos, Jamudy. Kamose lanzó múltiples ataques y sofocó algunas rebeliones que se estaban gestando en el sur. A continuación, el rey tebano reconquistó partes del Bajo Egipto.

Las fuentes afirman que fueron necesarios cuatro ataques contra Avaris antes de que Amosis pudiera finalmente capturar la ciudad fortificada. Una vez derrotados, los hicsos se retiraron de Egipto y se refugiaron en la ciudad de Sharuhen, que se convirtió en su siguiente bastión. Sin embargo, el rey tebano estaba lejos de acabar con los invasores extranjeros, ya que continuó mostrando su destreza militar asediando la fortaleza. Tras años de asedio a Sharuhen, los hicsos cayeron, liberando así a Egipto de las manos de gobernantes extranjeros. Con la caída de los hicsos, Egipto se puso en marcha para entrar en otra era floreciente: el Imperio Nuevo.

Capítulo 8: El Imperio Nuevo: La época más gloriosa de Egipto

De no haber sido por Amosis I, Egipto podría haber sufrido aún más tiempo bajo el reinado de los despiadados reyes hicsos. Amosis se alzó con el trono cuando apenas era un adulto; las fuentes afirman que entonces tenía diez años. No solo vengó la muerte de su padre y liberó a Egipto de invasores extranjeros, sino que también fundó la dinastía XVIII. Aunque su éxito en la expulsión de los hicsos fue admirado y vitoreado por casi todos sus súbditos, Amosis no pensaba frenarse, sobre todo porque el reino necesitaba urgentemente una restauración.

Tras trasladar la capital a Tebas, el rey centró toda su atención en los nubios, hambrientos de poder. Durante su reinado, Egipto pudo reafirmar su control sobre el sur, concretamente sobre los territorios nubios. Sus reservas de oro fueron saqueadas y transferidas al tesoro egipcio. Viendo que su reino aún estaba lejos de alcanzar la estabilidad económica, Amosis reabrió minas, canteras y rutas comerciales por todo Egipto. Bajo su mandato también se iniciaron numerosos proyectos de construcción. Los templos y monumentos que habían sido destruidos por los invasores fueron restaurados o reconstruidos, y muchas otras estructuras construidas por los reyes hicsos fueron destruidas en un esfuerzo por enterrar todo rastro de su poder. Tras sentar las bases del Imperio Nuevo de Egipto, Amosis murió después de al menos veinticinco años en el trono. Su éxito fue tan recordado por sus súbditos que fue venerado como un dios en cuanto se supo de su muerte.

Hatshepsut, la otrora olvidada faraona de Egipto

El acto de eliminar las pruebas y contribuciones de los gobernantes anteriores de las cuentas oficiales —más tarde conocido por los romanos como *damnatio memoriae*— no solo se aplicó a los hicsos. Aunque parezca mentira, Hatshepsut fue una de las muchas soberanas a las que se aplicó esta ley. Sus estatuas fueron destruidas, su reconocimiento público fue borrado de los documentos oficiales y sus contribuciones a muchas construcciones impresionantes nunca fueron mencionadas por faraones y escribas posteriores. Sin embargo, la razón por la que se condenó su memoria sigue siendo controvertida. Algunos sugieren que la razón principal era que los egipcios no aceptaban del todo que una mujer asumiera el manto de faraón. Otros afirman que sus huellas de poder fueron borradas por Tutmosis III, su hijastro, que posiblemente le guardaba rencor por haberle arrebatado el trono.

Hatshepsut fue nombrada primero regente del joven Tutmosis III antes de reclamar su puesto como faraona de pleno derecho. Aunque su reinado fue un éxito, provocó el descontento de muchos de sus súbditos, posiblemente debido a su género. Aunque en el antiguo Egipto las mujeres tenían casi los mismos derechos que los hombres (podían crear sus propios negocios, poseer propiedades, casarse y divorciarse de sus parejas, e incluso ser testigos en los tribunales), permitir que una mujer fuera coronada como gobernante podría haber sido demasiado. Los egipcios creían que colocar a Hatshepsut en la cima de su jerarquía podía perturbar el Ma'at, el equilibrio del mundo. Tenerla como gobernante perturbaba su tradición de siglos de gobernantes masculinos. También contradecía su creencia de que un faraón debía ser la encarnación viva de Horus, el dios masculino de la guerra.

Es plausible que Hatshepsut fuera consciente de los problemas que surgirían si seguía ignorando el descontento de sus súbditos. En el séptimo año de su reinado, empezó a hacer algunos cambios, sobre todo en la forma en que la representaban sus relieves y estatuas. A menudo se la representaba como un faraón masculino y a veces se refería a sí misma como Hatshepsut, que contenía una terminación masculina. Sin embargo, esto no solucionó del todo sus problemas, ya que su imagen fue borrada casi por completo del reino tras su muerte.

La esfinge de Hatshepsut

Aunque en su día desapareció de la historia, los egiptólogos la reconocen hoy como una de las faraonas más notables que gobernaron Egipto durante el Imperio Nuevo. Considerada una gran constructora, Hatshepsut encargó varios proyectos de construcción en todo el reino. Su templo mortuorio, Djeser-Djeseru, está considerado uno de los logros arquitectónicos más impresionantes del mundo antiguo y sigue en pie hoy en día. Egipto también debía parte de su floreciente economía a la faraona, ya que fue ella quien comandó la exitosa y fastuosa expedición a la tierra de Punt, socio comercial de Egipto desde el Reino Medio. Sus campañas militares se centraron principalmente en las regiones de Nubia y Siria. Sus inscripciones afirman que marchó junto a su ejército en la batalla. En pocas palabras, Hatshepsut fue una gobernante capaz, al igual que otros gobernantes masculinos de Egipto. Es posible que la mayoría de sus huellas hayan desaparecido, pero los fragmentos de su reinado que han sobrevivido son suficientes para atestiguar sus hazañas.

Tutmosis III y la batalla de Megido

Se cree que Tutmosis III pasó la mayor parte de su juventud demostrando que podía ser uno de los faraones más poderosos de Egipto. Participó en varias campañas lanzadas por su madrastra, Hatshepsut, lo que le dio la oportunidad de perfeccionar sus habilidades militares. Incluso fue nombrado jefe del ejército por Hatshepsut en cuanto alcanzó la edad adulta. Así, cuando su madrastra gobernante falleció en 1458 a. e. c., Tutmosis asumió inmediatamente el título de sexto faraón de la dinastía XVIII.

Aunque se había quedado con un reino próspero y un ejército bien entrenado, el nuevo faraón no pudo disfrutar ni de un minuto de paz, ya que se vio obligado a hacer frente a las amenazas impuestas por los líderes del Levante, que pensaban que era un líder débil. Los rebeldes amenazaron con dar la espalda al reino o, peor aún, invadir Egipto si se negaba a dimitir. Como gran estratega militar que era, Tutmosis se negó a negociar con los rebeldes y lanzó un ataque contra la antigua ciudad de Megido (más conocida por su nombre griego, Armagedón). Al frente de sus tropas, Tutmosis sitió la ciudad. Tras siete u ocho meses, a los rebeldes no les quedó más remedio que rendirse, ya que se enfrentaban al hambre.

A pesar de la victoria, Tutmosis no derramó más sangre en la ciudad. En su lugar, ofreció un trato. A cambio de dejar la ciudad y a los rebeldes casi indemnes, Tutmosis les exigió que depusieran sus armas y aseguraran que no habría más rebeliones en el futuro, condición a la que accedieron. Sin embargo, despojó a los rebeldes de sus cargos y poderes antes de nombrar a nuevos funcionarios que le habían sido leales. Los hijos de los líderes de la rebelión fueron tomados como rehenes y llevados a Egipto. Fueron tratados con amabilidad y se les concedió una educación egipcia. Solo se les permitía regresar a su patria cuando alcanzaban la mayoría de edad.

Relieve de Karnak que representa a Tutmosis III matando a su enemigo en la batalla de Megido

El éxito de esta campaña en particular sin duda aumentó la posición de Egipto en Oriente Próximo. Solo de esta batalla, Tutmosis y su feroz ejército obtuvieron un lucrativo botín de guerra. La batalla de Megido fue la primera batalla de la historia registrada en detalle. Las tropas trajeron de vuelta 340 cautivos, más de 20.000 ovejas, 2.238 caballos, casi 1.000 cabezas de ganado y carros, 552 arcos y 200 finas piezas de armadura. Con esta victoria, Egipto afirmó fácilmente su dominio sobre el norte de Canaán. El logro militar de Tutmosis fue celebrado no solo por sus leales súbditos, sino también por los imperios vecinos del reino. Los reyes de Babilonia, Asiria y Anatolia fueron algunos de los líderes que enviaron regalos tributarios al faraón tras su victoria.

Sin embargo, las campañas de Tutmosis III no se detuvieron ahí. El gran faraón pronto emprendió más campañas exitosas en Nubia, el reino de Mitanni, partes de Fenicia y Qadesh. Con su larga lista de triunfos militares, Tutmosis III pasó a la historia como el faraón egipcio más mortífero, que amplió enormemente las fronteras del reino.

Akenatón, el faraón hereje

Akenatón subió al trono al menos un siglo después que Tutmosis III. Se hizo con un reino que ya estaba en su apogeo, en gran parte debido a los exitosos intentos de los faraones anteriores de expandir las fronteras de Egipto. En el momento de su coronación, su vasto reino ya rodeaba las regiones vecinas, como Palestina, Nubia y Fenicia.

Sin embargo, Akenatón era conocido por un nombre diferente cuando reclamó el manto por primera vez; era conocido por sus súbditos como Amenhotep IV. No fue hasta su quinto año en el trono cuando el faraón cambió su nombre por el de Akenatón. Esto se debió en gran parte a su decisión de introducir una nueva religión en el reino. Aunque al principio se decía que Akenatón adoraba a los dioses tradicionales de Egipto, como Amón, Ra y Osiris, el faraón optó por abandonar a los antiguos dioses y establecer una religión monoteísta. Por qué exactamente Akenatón decidió desafiar las creencias tradicionales de los antiguos egipcios sigue siendo una incógnita, pero ciertas fuentes sugieren que en parte se debió a las influencias que llevaron al reino los extranjeros que se asentaron en la tierra del Nilo.

Conocida como atonismo o herejía de Amarna, la religión giraba en torno al dios solar Atón. Hoy en día no quedan detalles claros que puedan decirnos más sobre la nueva religión; sin embargo, sí sabemos que, a diferencia de los antiguos dioses, Atón no era representado ni en su forma animal ni en su forma humana. De hecho, el nuevo dios se representaba a menudo solo con un disco solar con varias líneas de formas solares que se extendían hacia abajo. Dado que la religión monoteísta obligaba a los egipcios a adorar únicamente a Atón, el atonismo no fue muy aceptado por muchos, especialmente por aquellos que no estaban dispuestos a descuidar a su centenario rey de dioses, Amón.

Por ello, Akenatón recurrió al cierre de todos los templos que antes estaban dedicados a los antiguos dioses, una medida que dañó para siempre su reputación. Incluso el nombre del gran dios del más allá, Osiris, fue borrado, ya que los egipcios se vieron obligados a pedir bendiciones para los muertos al único Aten. La capital también se trasladó de Tebas a una ciudad de nueva construcción llamada Aketatón («El Horizonte de Atón»), que ahora se conoce como Amarna.

Aparte de sus infames reformas religiosas, el faraón también perdió el apoyo de sus súbditos cuando prestó poco o ningún interés en desempeñar sus responsabilidades como rey; no prestó atención al ejército y descuidó el comercio y la economía del reino. Como el faraón prefirió centrarse más en la recién fundada religión que en dirigir el reino, los funcionarios locales empezaron a aprovecharse de la situación. La mayor parte de los impuestos recaudados del pueblo de Egipto iba directamente a sus bolsillos.

Durante sus últimos años en el trono, al faraón no le quedó más remedio que lidiar con muchos de sus súbditos descontentos, especialmente los comandantes del ejército y los sacerdotes. También se cree que el faraón llegó a distanciarse de su esposa y más firme defensora, Nefertiti, durante sus últimos años. Finalmente murió diecisiete años después de su ascenso al trono. Pocos años después de su entierro, el sarcófago del faraón fue destruido y su ciudad quedó completamente abandonada. Le sucedió un oscuro personaje conocido con el nombre de Semenejkara.

Aunque algunos estaban seguros de que Semenejkara era el corregente de Akenatón y suponían que era su sobrino, hermano o hijo, otras fuentes sugieren que Semenejkara no era otra que la propia esposa del faraón hereje, Nefertiti. Debido a los problemas a los que se enfrentaba Hatshepsut, no sería de extrañar que Nefertiti optara por gobernar el reino bajo un alias masculino. Si esto, de alguna manera, es cierto, podríamos estar seguros de que Nefertiti fue la responsable del inicio del cambio religioso del reino. Tras la muerte de Akenatón, los egipcios volvieron lentamente a sus antiguas creencias y tradiciones. El culto al dios del sol Atón no aparecía por ninguna parte, mientras que los templos de Amón y de los demás dioses antiguos empezaron a reaparecer. Sin embargo, el reinado de Semenejkara (o Nefertiti) duró poco, pero el siguiente faraón, Tutankamón (hijo de Akenatón), continuaría revirtiendo los cambios religiosos de su padre y borrando sus huellas. Solo cuando el joven faraón subió al trono pudo el antiguo Egipto volver plenamente a sus raíces politeístas.

Ramsés II y la batalla de Qadesh

La dinastía XVIII terminó con la muerte del faraón Horemheb, que no tenía heredero que lo sucediera. Sin embargo, a pesar de no tener ningún hijo superviviente que pudiera continuar su legado, Horemheb tenía en mente a una persona en particular a la que traspasaría el trono. Se llamaba Paramesu, y en su día sirvió al faraón como su visir principal. La razón principal por la que Horemheb decidió nombrar sucesor a Paramesu es incierta. Algunos afirman que el faraón confiaba plenamente en su visir, ya que había demostrado durante mucho tiempo su lealtad eterna a la realeza egipcia, mientras que otros afirman que fue posiblemente porque Paramesu tenía un hijo y un nieto, salvando así al reino de futuras luchas de poder.

Con la muerte de Horemheb en 1292 a. e. c., Paramesu subió al trono, tal y como había deseado el difunto faraón. Adoptó el nombre de Ramsés I y fundó la dinastía XIX, que comprendía algunos de los gobernantes más exitosos de Egipto. El segundo rey de la dinastía, Seti I, pronto llevó a Egipto a convertirse en el centro de poder del mundo antiguo. Su exitoso reinado fue testigo de la expansión del reino, ya que el faraón pudo recuperar los territorios perdidos durante el reinado del faraón hereje Akenatón. Para preparar a su hijo para el trono, Seti I nombró príncipe regente a Ramsés II, de catorce años. El faraón también introdujo a su hijo en el mundo militar llevándolo a sus numerosas campañas. Tras adquirir la destreza suficiente, el adolescente Ramsés fue nombrado capitán de las tropas egipcias.

Tras once años en el trono, Seti I abandonó el mundo de los vivos e hizo su viaje al inframundo, dejando que su hijo, al que había preparado adecuadamente para el trono, se alzara como nuevo faraón de Egipto. Ramsés II (más tarde conocido como Ramsés el Grande) poseía sin duda una amplia experiencia en el campo de batalla debido a su participación en las numerosas campañas de Seti I. Uno de sus dos mayores logros militares tuvo lugar durante su segundo año en el trono. En aquella época, Egipto estaba continuamente amenazado por los Pueblos del mar, que los egipcios describían como piratas posiblemente originarios de Jonia. Se los llamaba los Shirdana. Tras recibir informes de piratas que aterrorizaban a las poblaciones locales y saqueaban un gran número de barcos egipcios a lo largo de la costa mediterránea, el faraón ordenó tomar represalias.

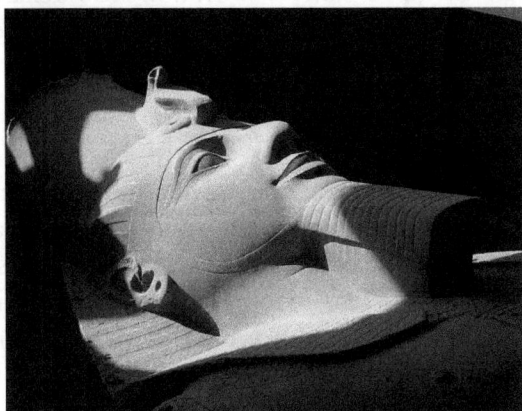

Estatua colosal de Ramsés II en Menfis

Ramsés sabía que enfrentarse a los piratas solo causaría más bajas. Así que el faraón ideó una trampa para atraer a los piratas a una emboscada. Se colocaron varios barcos cargados de mercancías en una zona específica de la costa para que sirvieran de cebo. Los Shirdana, que mordieron el anzuelo, fueron rodeados inmediatamente por una flota de barcos de guerra egipcios. En poco tiempo, los egipcios, dirigidos por el astuto faraón, lograron derrotar a los piratas y capturarlos. Los que sobrevivieron a la emboscada fueron llevados a la capital, Pi-Ramsés (actual Qantir), y obligados a servir al faraón como sus guardaespaldas personales hasta su último aliento. Se dice que estos guardaespaldas, que a menudo llevaban cascos con cuernos y estaban equipados con escudos redondos y enormes espadas, acompañaron al faraón en muchas de sus batallas.

Relieve de Ramsés II capturando a sus enemigos de Nubia, Libia y Siria
Speedster, CC BY-SA 4.0 <https://creativecommons.org/licenses/by-sa/4.0>, vía Wikimedia Commons: https://commons.wikimedia.org/wiki/File:Ramses-ii-relief-from-memphis2.png

El logro militar más notable de Ramsés II no fue otro que su batalla contra los hititas. Conocida como la batalla de Qadesh, el conflicto tuvo lugar en 1274 a. e. c. cerca de una importante ciudad comercial de Siria llamada Qadesh. La tensión entre los egipcios y los hititas existía desde hacía tiempo; se creía que los hititas habían causado problemas en el valle, especialmente durante el reinado de Tutmosis III. El padre de Ramsés II, Seti I, logró capturar Qadesh, pero no por mucho tiempo, ya que los hititas pudieron recuperar y fortificar la ciudad para asegurarse de que podrían resistir cualquier futura invasión de los egipcios. Las fuentes afirman que la tensión entre ambos se agravó cuando Ramsés lanzó sus campañas en Canaán, durante las cuales capturó a un vasallo hitita. Al enterarse de la captura, el rey hitita, Muwatalli II, decidió enfrentarse en batalla al faraón egipcio.

Ramsés II, que estaba ansioso por capturar Qadesh y beneficiarse de su floreciente comercio y ubicación, reunió a las fuerzas egipcias, que contaban con al menos veinte mil infantes y dos mil carros, para preparar la guerra que se avecinaba. Luego las organizó en cuatro divisiones con los nombres de los dioses egipcios: Amón, Ra, Ptah y Set. El rey de los hititas reunió una fuerza mayor, de casi cuarenta mil soldados de infantería y tres mil carros. Puede que el faraón egipcio fuera popular por su brillantez militar, pero muchos olvidaron que él también era un ser humano. Se cree que Ramsés II cometió su primer error al marchar con la división de Amón demasiado rápido, dejando al resto muy atrás.

Tras atravesar la franja de Gaza, acampó a unos once kilómetros de Qadesh. El faraón y sus fuerzas tropezaron con un par de nómadas tribales, que informaron al rey egipcio de la ubicación de Muwatalli: se decía que estaba acampado en la tierra de Alepo, a unos doscientos kilómetros de Qadesh. Sin embargo, resultó ser una información falsa; en realidad, los nómadas habían sido contratados por los hititas para confundir a los egipcios a propósito. Más tarde, Ramsés II recibió dos prisioneros hititas traídos por uno de sus exploradores. Los cautivos fueron torturados y finalmente revelaron la verdadera ubicación del rey hitita. Muwatalli y sus tropas estaban acampados justo al otro lado de Qadesh.

Ramsés II en su carro atacando a los hititas

Muwatalli II y sus tropas atacaron apresuradamente hacia la división de Ra, que había sido dejada atrás por la división de Amón. Los hititas avanzaron entonces para acorralar a Ramsés y su división Amón, causando estragos. El propio faraón afirmó que sus fuerzas entraron en pánico y huyeron del campo de batalla, dejándolo solo ante los enemigos. Fuera o no cierta su afirmación, lo que sí sabemos es que el faraón, junto con los aurigas y soldados de infantería restantes de la división de Amón, lanzó un contraataque contra los hititas. Tras reagruparse, Muwatalli II planeó otro ataque contra Ramsés, pero su plan se vio truncado por la llegada de la división de Ptah desde el sur.

La batalla se reanudó al día siguiente. Los hititas se vieron obligados a retirarse, lo que permitió a Ramsés II avanzar sobre la ciudad de Qadesh. Sin embargo, los egipcios fueron incapaces de reconquistar la ciudad, posiblemente debido a su incapacidad para asediar durante mucho tiempo una ciudad totalmente fortificada. Sin otra opción, Ramsés II condujo a sus tropas de vuelta a Egipto. La batalla de Qadesh quedó en tablas, pero los conflictos entre ambos bandos continuaron durante años. Debido a la creciente amenaza asiria en el este, el nuevo rey hitita, Hattusili III, decidió detener los ataques contra Egipto. Unos quince años después de la gran batalla, Ramsés II y Hattusili III firmaron un tratado de paz. Con el tratado de paz egipcio-hitita, a veces conocido como el Tratado de Qadesh (el tratado de paz más antiguo que se conserva), Egipto y el Imperio hitita depusieron las armas y pusieron fin a sus siglos de derramamiento de sangre.

Capítulo 9: El tercer periodo intermedio: El Imperio kushita

Los antiguos egipcios, como las demás civilizaciones antiguas, creían en el politeísmo. Ra, Osiris, Horus, Set, Ptah, Anubis y Hathor son algunas de las deidades más populares adoradas a menudo por los egipcios. Se creía que los dioses eran los creadores y sustentadores de toda la vida, por lo que honrarlos y complacerlos sería una de las pocas formas de asegurarse bendiciones en la vida, ya fuera en forma de salud, riqueza o incluso paz.

Sin embargo, a principios del Imperio Nuevo, otro dios cobró importancia. Este dios en concreto pasó de ser una deidad local durante el Reino Antiguo a convertirse en el dios patrón de los faraones siglos más tarde. Se lo conocía como Amón, cuyo nombre puede traducirse como el «El Oculto» debido a su asociación con el viento. Adquirió popularidad por primera vez en Tebas, y se creía que Amón era el dios creador de todas las cosas, incluido él mismo.

El antiguo dios egipcio Amón

Al principio, el dios era venerado junto a Ra, con cabeza de halcón, como dos entidades divinas diferentes. No fue hasta el siglo XVI a. e. c. cuando los dos poderosos dioses se fusionaron para convertirse en Amón-Ra, el jefe del panteón egipcio. Durante siglos, la influencia de Amón se expandió enormemente, y sus sumos sacerdotes solían situarse en la cima de la jerarquía, solo superados por los reyes, ya que los faraones eran considerados los «primeros sacerdotes» de Egipto. Se creía que los sumos sacerdotes de Amón habían sido bendecidos con una relación especial con el dios y se esperaba que atendieran sus necesidades. Si en el valle del Nilo se producía algún acontecimiento desafortunado, como hambrunas, plagas e incluso pobreza, los sacerdotes eran los encargados de averiguar el motivo de la ira del dios y buscar la forma de solucionar el problema.

Con el tiempo, los sacerdotes de Amón adquirieron tanta influencia y poder sobre la tierra que llegaron a poseer incluso más tierras que el faraón. Su prominencia disminuyó durante el reinado de Akenatón, el faraón que adoraba al dios solar Atón e intentó convertir Egipto en un reino monoteísta. Sin embargo, los sacerdotes lograron recuperar su influencia tras la muerte del faraón y estuvieron en su apogeo durante el reinado de Ramsés XI, el último rey de la dinastía XX.

La división de poderes en Egipto

Bajo el reinado de Ramsés XI, Egipto se dirigía de nuevo hacia el caos y la inestabilidad. Se cree que el reino fue testigo de otra división de poder entre los faraones y los sumos sacerdotes tebanos de Amón. Comenzó cuando el sumo sacerdote Amenhotep se enfrentó en combate con Panehesy, el virrey de Kush. El sacerdote no era uno de los favoritos de los egipcios, posiblemente por su ansia de poder. Fue expulsado de su cargo por su pueblo, pero su apelación a Ramsés tuvo éxito, ya que fue restituido a su antiguo puesto. Sin que el sacerdote lo supiera, a pesar de concederle el cargo, el faraón también estaba tramando otro plan para suprimir su poder. Ramsés XI pidió a Panehesy y a sus tropas nubias que marcharan hacia Tebas, lo que finalmente condujo al asedio del templo fortificado del sacerdote, Medinet Habu.

El destino de Amenhotep sigue siendo un misterio; no se sabe con certeza si sobrevivió al ataque o si simplemente se retiró. Sin embargo, el resultado de la batalla no fue el que Ramsés XI había imaginado, ya que Panehesy pasó a proclamarse gobernante de facto del Bajo Egipto. Ramsés XI envió contra Panehesy un ejército dirigido por otro virrey de Kush llamado Pianj. A pesar de saquear con éxito la antigua ciudad de Hardai (más conocida como Cinópolis) en Egipto Medio, las fuerzas de Panehesy fueron finalmente derrotadas por Pianj y su ejército. Se vio obligado a retirarse a Nubia hacia 1080 a. e. c. Irónicamente, tras la retirada de Panehesy, Pianj asumió el título de sumo sacerdote de Amón, iniciando así el *wehem mesut*, un periodo en el que los sumos sacerdotes ostentaban el poder en el Alto y Medio Egipto.

A Ramsés XI le sucedió Esmendes, que fundó la dinastía XXI, que marcó el inicio del tercer periodo intermedio de Egipto, una época descrita por muchos como la más oscura del reino, ya que Egipto nunca se recuperó del todo de este periodo. Gran parte de los orígenes de Esmendes son desconocidos. Algunos sugieren que fue gobernador del Bajo Egipto bajo el reinado de Ramsés XI, mientras que otros afirman que estaba emparentado de algún modo con Herihor, el sumo sacerdote gobernante de Tebas. No obstante, Manetón afirma que el primer faraón de la dinastía XXI reinó activamente sobre un reino dividido (en particular el Bajo Egipto) desde Tanis durante veintiséis años. Murió en 1052 a. e. c. y le sucedieron otros seis faraones, siendo Psusenes II el último gobernante de la dinastía XXI.

Durante la dinastía XXII, el máximo poder de Egipto volvió a pasar a manos de un extranjero, aunque todos ellos eran más o menos culturalmente egipcios. En esta ocasión, el trono pertenecía a gobernantes de la tierra de Tjemehu, más conocida hoy en día como Libia. También conocida como la dinastía de bubas (debido a que su residencia principal se encontraba en un lugar a orillas del Nilo llamado Bubastis), se cree que el primer gobernante ascendió al trono sin apenas lucha. Sin embargo, a pesar de no enfrentarse a una tremenda oposición por parte de los egipcios, el rey, Shoshenq I (que los expertos afirman que es la misma persona que Shishak de la Biblia hebrea), no aceptó las responsabilidades de un gobernante con las manos vacías. Era un guerrero consumado y el jefe de la tribu mercenaria libia llamada Mashauash. El rey dominaba excepcionalmente las habilidades y estrategias militares. Su campaña militar más popular fue la de Palestina; se pueden encontrar inscripciones de sus éxitos y hazañas talladas en la pared de la puerta bubástida del templo de Karnak.

Sin embargo, la destreza militar por sí sola no bastaba para garantizar que el reino funcionara sin problemas. Dado lo vastos que eran los territorios de Egipto, Shoshenq I supo enseguida que debía delegar su poder en varias de sus personas de mayor confianza. Así pues, el rey envió a sus hijos a diferentes regiones de Egipto para que ejercieran de gobernadores. Aunque se los denominaba gobernadores, sus funciones variaban, y algunos incluso llegaron a ser sacerdotes de Amón en Tebas. En cuanto a Shoshenq I, reinó durante al menos veintiún años, pasando el manto a su hijo, Osorkon I, cuyos actos se centraron principalmente en los diversos proyectos de construcción en todo el valle, aunque la mayoría de ellos se han perdido para siempre.

Muchos otros reyes subieron al trono y reclamaron sus derechos sobre el reino, mientras que la sede del sumo sacerdote cambiaba de manos con bastante frecuencia. Bajo el reinado de Shoshenq III, la casa real se dividió en dos. Mientras los gobernantes de la dinastía XXII seguían afirmando su poder desde Bubastis, el reino fue introducido en la dinastía XXIII, que poco a poco fue aumentando su influencia en varias regiones del delta del Nilo. Aunque al principio las dos dinastías gobernaron juntas, pronto se vieron envueltas en conflictos, cuyo principal motivo fueron las cuestiones sucesorias. Las múltiples guerras civiles que estallaron por todo el valle dieron lugar a un reino aún más fragmentado. Había monarquías separadas que gobernaban desde distintas ciudades, como Heracleópolis, Tanis, Hermópolis, Tebas, Menfis y Sais. La inestabilidad política debilitó enormemente las fronteras de Egipto, lo que permitió a los nubios de Kush planear sus siguientes pasos.

El ascenso del Imperio kushita

Nubia había recorrido un largo camino desde el final del Imperio Nuevo. Su poder había ido aumentando gradualmente hasta que finalmente se formó el Reino de Kush. El reino tenía su sede en la capital, Napata. Sin embargo, los nubios nunca tuvieron la oportunidad de expandir su dominio sobre Egipto debido a las constantes luchas que se producían entre las numerosas tribus que existían dentro del reino. Pero todo cambió cuando Egipto empezó a perder su dominio, sobre todo cuando el estado ya estaba dividido.

Aunque se sabe que participaron en numerosas batallas y conflictos con Egipto, los nubios admiraban la colorida cultura y tradición egipcias; incluso se cree que el rey nubio Kashta reflejó las costumbres y creencias religiosas egipcias durante su reinado. Cuando la hija del rey fue nombrada esposa del dios Amón, la sacerdotisa de mayor rango del culto a Amón, Kashta empezó a tramar sus movimientos para expandir aún más su influencia. Gracias a la importante posición de su hija, Kashta pudo imponer su poder con el mínimo esfuerzo. Finalmente, se hizo con el control de Tebas y, más tarde, de partes del Alto Egipto.

Sin embargo, el poder de los kushitas se fortaleció bajo el reinado del hijo de Kashta, Pianjy. El nuevo rey de Kush fue descrito por muchos como un hombre religioso que creía haber sido elegido por el dios principal Amón para rectificar la corrupción de Egipto. Cuando se enteró de que un particular príncipe libio llamado Tafnajt se había autoproclamado único gobernante de Egipto tras expulsar de Menfis al último rey de la dinastía XXII y formar una unión con gobernantes de varios nomos del delta del Nilo, Pianjy decidió que ya era hora de que actuara. Primero puso la mira en Tebas.

El rey kushita envió a su ejército a remontar el Nilo, donde se encontraron con barcos que transportaban docenas de soldados, cada uno equipado con armas de guerra. Sin prisas, los kushitas avanzaron valientemente y salieron victoriosos. Los kushitas pudieron reanudar su plan inicial, que consistía en entrar en Tebas. Las tropas continuaron por tierra con la esperanza de alcanzar la ciudad de Heracleópolis. Al acercarse a la ciudad, los kushitas se vieron envueltos de nuevo en una batalla en la que participaban las fuerzas unidas de Tafnajt. Aunque bien preparados para la guerra, los kushitas se quedaron atónitos al descubrir la participación de Nimlot en la batalla. El gobernante de Hermópolis, Nimlot, había jurado inicialmente lealtad a los kushitas, por lo que su traición sin duda enfureció a Pianjy. Sin embargo, según la estela de la victoria de Pianjy, los kushitas masacraron a la coalición de gobernantes del Delta, excepto a Nimlot, que logró escapar.

Cuando Pianjy recibió la noticia de la traición y huida de Nimlot, el rey no tardó en abandonar su sede en Kush y marchar hacia Egipto con su ejército personal. Bajo su mando, el rey kushita sitió Hermópolis durante varios meses. Presintiendo su inminente derrota, se dice que Nimlot envió a su esposa a negociar con Pianjy. No han sobrevivido detalles que expliquen las negociaciones entre las dos facciones; sin embargo, podemos estar seguros de que Hermópolis se sometió al rey tras el asedio, y Pianjy concedió a Nimlot el perdón por su traición. Con la caída de Hermópolis, otras ciudades pronto se inclinaron ante el rey kushita, y algunas incluso ofrecieron tributos.

Pianjy procedió a centrar su atención en Menfis. Deseoso de evitar más derramamientos de sangre innecesarios, el rey ofreció a la antigua ciudad la paz si se rendía. Sin embargo, la generosa oferta fue rechazada, lo que condujo a otra batalla. Esta vez, Pianjy se enfrentó a un ejército de élite de ocho mil hombres dirigido nada menos que por el propio Tafnajt. Pero la suerte brilló claramente a favor del rey kushita, ya que sus fuerzas salieron victoriosas y lograron capturar Menfis. En cuanto a Tafnajt, se dice que emprendió otra campaña contra Pianjy en vano. No le quedó más remedio que rendirse y jurar lealtad al rey.

Pianjy, que era un hombre piadoso, inició inmediatamente el proceso de purificación de la ciudad. Envió guardias para proteger el templo de Ptah y se ocupó de los numerosos santuarios de los dioses egipcios. El rey podría haber ido al templo de Ptah, donde fue purificado y ungido como gobernante de Egipto. Con Menfis en su poder, Pianjy pronto recibió tributos de las demás ciudades del valle y la sumisión de otros gobernantes.

Tras su exitosa conquista, Pianjy abandonó Egipto y navegó de regreso a su patria, para no volver jamás. Inició la dinastía XXV de Egipto; sin embargo, el control de Egipto quedó en manos de sus vasallos mientras él permanecía en el trono de Kush, gobernando su propio imperio en auge hasta su último aliento.

Capítulo 10: Egipto bajo la ocupación asiria

Atrás quedaban las épocas en que los egipcios nativos reclamaban el trono. Desde el comienzo del tercer periodo intermedio, Egipto estuvo bajo el control de numerosos reyes extranjeros que pretendían ser la encarnación viva de los antiguos dioses. Primero fueron los libios, cuyo dominio provocó la división del reino. Poco después, Egipto fue testigo del ascenso de los kushitas, que acabaron por poner fin a una serie de guerras civiles que habían asolado el valle durante mucho tiempo.

De hecho, las campañas lanzadas por Pianjy provocaron muchas muertes y derramamiento de sangre, pero el resultado no fue del todo desafortunado. Se dice que Shabako, el hermano de Pianjy que le sucedió, admiraba y respetaba la cultura egipcia tanto como sus predecesores, hasta el punto de que preservó casi todas las tradiciones egipcias durante su reinado. Consciente de los estrechos lazos que unían a los egipcios con sus creencias religiosas, Shabako nombró a su propio hijo sumo sacerdote de Amón en Tebas. También sería responsable de muchos proyectos de reconstrucción. En pocas palabras, el Egipto kushita floreció.

Sin embargo, así fue hasta que un faraón kushita llamado Shabitku entró en conflicto con los asirios. Egipto proporcionó abiertamente un santuario seguro a los rebeldes de Judá, que se habían sublevado contra sus señores asirios. La dinastía XXV de Egipto nunca dejó de proporcionar apoyo al reino rebelde, lo que finalmente condujo a una serie de guerras que fueron lanzadas por primera vez por el rey asirio, Asarhaddón.

El ascenso al poder de Asarhaddón distó mucho de ser pacífico. Cuando su padre, Senaquerib, murió a manos de sus dos hijos, Asarhaddón se embarcó en una guerra civil de seis semanas de duración contra sus hermanos. Tras erradicar a los asesinos de su padre —incluidos sus socios y familiares— finalmente se sentó en el trono, tal y como Senaquerib había imaginado. Y así, tras ceñirse la corona, restaurar y asegurar Babilonia y las fronteras del imperio, Asarhaddón puso sus ojos en Egipto, que siempre fue visto como una molestia para el Imperio asirio.

El rey asirio lanzó una campaña contra Egipto en el año 673 a. e. c. Durante esta época, Taharqo gobernaba el reino del Nilo. Con la esperanza de derrotar a Egipto de un solo golpe, Asarhaddón hizo marchar rápidamente a sus tropas. Este avance fue descrito por los historiadores como su mayor error; su ejército estaba agotado por la marcha, lo que les hizo perder la concentración en el campo de batalla. Debido a ello, las fuerzas de Asarhaddón fueron fácilmente derrotadas por Taharqo en las afueras de la ciudad de Ascalón. Al rey asirio no le quedó más remedio que regresar a su capital, Nínive.

Pasaron al menos dos años antes de que Asarhaddón pudiera finalmente penetrar en las fronteras de Egipto. A principios del año 671 a. e. c., el rey asirio, tras aprender de su error en el intento de invasión anterior, dirigió su gran ejército hacia Egipto a un ritmo mucho más lento. A su paso por la ciudad de Harrán (un importante centro cultural y religioso de Mesopotamia), Asarhaddón supuestamente recibió una profecía sobre el éxito de su campaña contra Egipto. La profecía, combinada con el gran estado de su ejército, posiblemente elevó la confianza del rey. Los asirios no tardaron en salir victoriosos sobre Egipto.

Asarhaddón dirigió entonces su ejército hacia la antigua capital del reino, Menfis. El rey asirio no se contuvo y saqueó la ciudad nada más llegar. Ordenó la captura de la familia real que vivía en Menfis. La esposa y los hijos de Taharqo fueron enviados como rehenes a Nínive. En cuanto al propio Taharqo, el faraón consiguió escabullirse de la ciudad y huir al sur intacto.

Asarhaddón no persiguió a Taharqo de inmediato. En su lugar, se centró en consolidar su posición en Egipto. Tras saquear Menfis y capturar a la mayor parte de la familia real, el rey asirio ideó una reforma política para las regiones del norte de Egipto. Los que habían sido extremadamente leales a Asarhaddón fueron elegidos para ser los gobernadores de sus territorios recién conquistados. Un individuo conocido como Necao I fue nombrado nuevo rey de Egipto, que gobernó desde su sede de poder en Sais; sin embargo, algunas fuentes afirman que Necao I no era más que un gobernante títere.

Con las riquezas que Asarhaddón había obtenido de su exitosa campaña, preparó su regreso a la capital asiria. Allí erigió una estela de la victoria, en la que aparecía una imagen del hijo de Taharqo encadenado. También se llevaron a Nínive estatuas de Taharqo como trofeos y se colocaron a la entrada del palacio.

Estela de la victoria de Asarhaddón
*Richard Mortel de Riad, Arabia Saudí, CC BY 2.0 <https://creativecommons.org/licenses/by/2.0>,
vía Wikimedia Commons:
https://commons.wikimedia.org/wiki/File:Victory_stele_of_Esarhaddon.jpg*

Egipto, dirigido por el faraón Taharqo, que había logrado eludir a los asirios, no estaba dispuesto a someterse a ellos. Así que, en el año 669 a. e. c., estalló otra revuelta encabezada por el faraón de la dinastía XXV justo cuando Asarhaddón abandonó el reino. La noticia de esta revuelta llegó al rey asirio y lo enfureció de inmediato. El rey preparó de nuevo su ejército y se embarcó en otra campaña para sofocar la rebelión. A pesar de la firme voluntad del rey de derrotar a los rebeldes y acabar por fin con Taharqo, la campaña se detuvo tras la repentina muerte de Asarhaddón cuando aún se dirigía a Egipto. Su muerte causó sin duda conmoción en el Imperio asirio, pero esto no significaba que Egipto estuviera a salvo de los asirios. Asarhaddón fue sucedido por su hijo, Asurbanipal, que pronto reanudaría la misión de su difunto padre.

El estado del imperio del nuevo rey asirio le impedía abandonar Nínive. El imperio se enfrentaba constantemente a las amenazas de los antiguos iranios (medos, cimerios y escitas). Sin embargo, esto no impidió que el rey enviara sus tropas a Egipto. Los asirios chocaron espadas con las fuerzas de Taharqo cerca de Menfis. El faraón kushita se enfrentó a la derrota, pero una vez más escapó hacia el sur y encontró refugio en Tebas.

Mientras perseguían al faraón, los asirios descubrieron que algunos de los vasallos designados por el imperio que gobernaban el Bajo Egipto —entre ellos Necao I— conspiraban para traicionarlos. Inmediatamente ordenaron capturar a los conspiradores. Algunos de los pueblos sobre los que gobernaban fueron masacrados; otros fueron encadenados y deportados a Nínive. Sin embargo, para sorpresa de todos, Necao I fue indultado y restituido como rey de Egipto, mientras que su hijo, Psamético, fue nombrado alcalde de Atribis, una antigua ciudad del Bajo Egipto. Taharqo huyó a la capital kushita de Napata, donde permaneció hasta su muerte. El reino kushita pasó posiblemente a manos de un primo de Taharqo, un hombre conocido como Tanutamani.

La muerte de Taharqo calmó ligeramente el conflicto entre Egipto y el Imperio asirio, pero no por mucho tiempo. Tanutamani, el nuevo gobernante del reino kushita, solo tenía un deseo: quería restaurar a su familia en el trono egipcio. Sabiendo que las tropas asirias habían regresado a su capital, Tanutamani aprovechó la oportunidad para marchar por el Nilo y recuperar los territorios perdidos a manos de los asirios. Primero reocupó Asuán antes de avanzar hacia Tebas y, finalmente, Menfis, donde mató a Necao I.

La muerte de Necao I enfureció a Asurbanipal, lo que provocó una reanudación del violento conflicto. El rey asirio, asistido por el ejército de Psamético I, formado por fuertes mercenarios de Caria, lanzó un ataque masivo contra Tanutamani en el norte de Menfis. La batalla se saldó con la terrible derrota de Tanutamani. Al no ver otra salida, huyó hacia el sur. Los asirios decidieron hacer lo impensable: marcharon hacia Tebas y saquearon la ciudad. Sus habitantes fueron encadenados y deportados, se apoderaron de las riquezas y el oro de la ciudad, llevándose a Asiria caballos y dos imponentes obeliscos. Los asirios se hicieron con el control de Egipto, y el reinado de Tanutamani solo se limitó a Napata. Su muerte en 656 a. e. c. puso fin tanto a la dinastía XXV como a la dominación nubia de Egipto.

La dinastía XXVI comenzó con el faraón Psamético I, que accedió al trono tras la muerte de su padre, Necao I. Gobernando el reino desde Sais, se creía que el faraón había creado los cimientos para que Egipto floreciera de nuevo. En un esfuerzo por unificar el reino, el faraón formó una alianza con Giges, el rey de Lidia en Asia Menor, y levantó un ejército compuesto por mercenarios griegos y carios de confianza. A continuación, se ocupó de los vasallos y príncipes rebeldes del delta del Nilo. Para consolidar aún más su poder, Psamético I centró su atención en Tebas, la ciudad santa de Amón. Organizó la adopción de su hija, Nitocris I, con Shepenupet II, la actual esposa del dios Amón. Con su hija como siguiente esposa del dios, Psamético I expandió su poder sobre el vasto valle y mantuvo unido al estado. El faraón también ganó popularidad gracias a que fomentó el renacimiento de la religión y el arte del Reino Antiguo.

En algún momento del año 653 a. e. c., Psamético I ganó aún más autonomía, lo que se debió en gran parte a las luchas internas de Asiria. Aprovechó esta oportunidad para romper con el dominio asirio, convirtiéndose así en el único gobernante de Egipto. Sin embargo, algunas fuentes afirman que, a pesar de la separación del reino egipcio de Asiria, el faraón mantuvo una relación amistosa con el imperio en decadencia. Por ejemplo, Psamético envió refuerzos a Asiria para repeler los ataques babilonios.

Con Egipto completamente en sus manos, Psamético I se dedicó a volver a ponerlo en pie. Supervisó un gran número de proyectos de construcción y también fue responsable de la ampliación del Serapeum de Saqqara y de la construcción de fortalezas en Dafna, Naukratis y Elefantina.

Tras más de cinco décadas, el manto pasó al hijo de Psamético, Necao II, que pronto se vería en medio de los continuos conflictos de Asiria. El imperio en declive ya había perdido su capital, Nínive, en el 612 a. e. c. a manos de una fuerza combinada de babilonios, medos, persas y escitas. Para tomar represalias, los asirios solicitaron la ayuda de los egipcios, petición que Necao II aceptó. Mientras marchaban hacia el campo de batalla, los egipcios probablemente se encontraron con las fuerzas del rey Josías de Judá. Josías había formado una alianza con Babilonia. El plan del rey de Judá para bloquear el avance de los egipcios fracasó, ya que fue asesinado en Megido. Con el camino despejado, los egipcios se unieron a los asirios en Harán. Sin embargo, fueron rápidamente derrotados. Los egipcios se retiraron al norte de Siria.

La lucha, sin embargo, no se detuvo allí, ya que no les quedó más remedio que enfrentarse al ejército babilónico dirigido por Nabucodonosor II (también conocido como Nabucodonosor el Grande). Esta batalla supuso la derrota de las fuerzas combinadas de Egipto y Asiria, dejando esta última de existir como estado independiente. A pesar de la derrota de Necao II frente al rey babilonio, continuó gobernando Egipto y dejó algunas grandes contribuciones al reino. El faraón inició la construcción de un canal (también conocido como canal de Necao), que más tarde se convirtió en el proyecto del canal de Suez. Necao II también reclutó a un gran número de griegos jonios y formó una armada egipcia, aumentando así las actividades de construcción naval del reino, especialmente de trirremes.

Tras gobernar el valle durante quince años, Necao II fue sucedido por su hijo, Psamético II. Psamético II gobernó Egipto solo seis años, pero consiguió algunos logros importantes. Para proteger el valle de cualquier posible invasión de los kushitas, Psamético II lanzó una expedición a Nubia. Llevó sus tropas hasta la ciudad de Kerma y la capital kushita de Napata; ambas ciudades fueron destruidas. Con su capital reducida a cenizas y escombros, a los kushitas no les quedó más remedio que trasladar su capital más al sur, hacia la ciudad de Meroe.

Al año siguiente, tras el éxito de la expedición de Psamético II contra los kushitas, hizo una jugada para mostrar su apoyo a Sedequías, el rey de Judá, que estaba preparando una revuelta contra los babilonios. Aunque Sedequías recibió refuerzos de Egipto, la revuelta fracasó terriblemente, ya que Nabucodonosor II sitió la ciudad durante dos años.

Psamético II murió en el año 525 a. e. c. y el trono pasó a su hijo Apries. Al igual que su padre, el faraón se enredó en los asuntos palestinos. Envió refuerzos a Jerusalén, con la esperanza de ayudar a la ciudad a repeler a las fuerzas babilónicas bajo el mando de Nabucodonosor II. Desgraciadamente, tras dieciocho meses de asedio, Jerusalén cayó. El resultado fue la captura de los judíos. Los nobles fueron mantenidos en cautividad y enviados a Babilonia, mientras que los que lograron escapar emigraron a Egipto.

Apries también se vio acosado por varios conflictos internos más que finalmente condujeron a su propia desaparición. Mientras lidiaba con una guerra civil que estalló entre los soldados nativos y los mercenarios extranjeros, el faraón se vio obligado a lidiar con su propio general, Amosis II, que fue proclamado por las tropas egipcias como el próximo rey de Egipto.

Cuando las noticias del golpe militar llegaron a Apries, el faraón huyó a Babilonia en busca de apoyo. Regresó a Egipto en 567 a. e. c. con un ejército de babilonios para reclamar el trono. Sin embargo, su avance fracasó. Apries murió en la batalla, dejando el trono nada menos que a Amosis II.

Para fortalecer aún más su posición como nuevo gobernante de Egipto, Amosis II se casó con una de las hijas de Apries. Amosis II, coronado oficialmente como faraón, llevó a Egipto a su apogeo. Construyó y restauró muchos templos y estructuras por todo el valle, supervisó el crecimiento agrícola de Egipto, cultivó una estrecha relación con el mundo griego y derrotó una invasión de los babilonios en 567 a. e. c. Se lo considera uno de los faraones más poderosos de su época. Pero antes de su muerte, el faraón fue testigo de las primeras amenazas impuestas por el naciente Imperio persa.

Capítulo 11: La conquista persa

El Imperio persa (conocido como Imperio aqueménida en esta época) debía su gloria nada menos que a Ciro el Grande. Se cree que Ciro, quien llegó al trono con tan solo veintiún años, liberó a su ciudad de las garras del Imperio medo orquestando una revuelta con éxito en el año 549 a. e. c. Sin embargo, su triunfo sobre el rey de los medos fue solo el principio de sus conquistas. Pronto expandió su imperio lanzando campañas en Lidia, que lo recompensaron a él y a su imperio con enormes riquezas. Más tarde, Ciro marchó a Mesopotamia y conquistó las regiones circundantes.

En 539 a. e. c., el rey logró imponer su poder sobre la antigua ciudad de Babilonia sin derramar una sola gota de sangre. Se dice que los babilonios acogieron a Ciro pacíficamente, ya que el rey no solo era popular por su brillantez militar, sino que también era un hombre piadoso; a los que se sometían se les prometió que no sufrirían ningún daño y se les permitió practicar sus costumbres y tradiciones religiosas. Incluso liberó a casi cuarenta mil judíos, algunos de los cuales llevaban cautivos unos cincuenta años.

Ilustración de Ciro el Grande

Podría ser plausible que el gran rey persa pretendiera en algún momento expandir su poder hasta Egipto, posiblemente por los inestimables recursos económicos del valle. Sin embargo, Ciro nunca pisó Egipto, ya que el rey encontró su destino aproximadamente una década después de su conquista de Babilonia. Se cree que Ciro el Grande murió en batalla durante su campaña contra la desafiante tribu nómada conocida como los maságetas. Sin embargo, Egipto no fue olvidado durante mucho tiempo, ya que pronto se vería obligado a doblegarse ante el hijo y sucesor de Ciro, Cambises II.

El motivo principal del primer enfrentamiento entre Egipto y Persia es incierto, pero según el historiador griego Heródoto, todo empezó durante el reinado de Amosis II, un faraón de la dinastía XXVI. Se dice que Cambises II solicitó un médico egipcio —algunos dicen que pidió específicamente un oftalmólogo— para servir en su imperio. El faraón decidió obedecer al rey persa, posiblemente para evitar tensiones, y obligó a un médico egipcio a trasladarse a Persia, por lo que no le quedó más remedio que abandonar a su mujer e hijos. Esto sin duda enfureció al médico, que más tarde planeó acabar con el faraón desde lejos. Estableció una buena relación con el rey persa antes de introducir poco a poco sus maliciosos planes. El médico sugirió que el rey pidiera al faraón egipcio la mano de su hija, lo que, según él, podría dar lugar a una relación firme con los egipcios.

Al conocer la propuesta de Cambises de casarse con una de sus hijas, el faraón se mostró receloso. Se negaba a ver a su hija como concubina de un rey extranjero, pero al mismo tiempo, el faraón deseaba evitar cualquier posible batalla que pudiera tener lugar en caso de declinar la oferta del rey persa. Así, en lugar de enviar a su hija, Amosis II envió a Nitetis, la hija de su predecesor, Apries, que, según Heródoto, era alta y hermosa. Sin embargo, el engaño de Amosis no duró mucho, ya que Nitetis decidió traicionar al faraón e informó a Cambises de su verdadero linaje. La revelación enfureció al rey persa, lo que acabó provocando la elaboración de planes minuciosos para invadir el reino egipcio.

Se desconoce si la descripción de Heródoto tiene algo de cierto. No obstante, Cambises II pasó años preparando la conquista egipcia. El camino hacia el valle era ciertamente accidentado, y encontrar la mejor ruta resultó bastante difícil. Sin embargo, gracias a Fanes de Halicarnaso, mercenario y sabio táctico al servicio de Amosis, el rey persa pudo perfeccionar su estrategia. Según Heródoto, el mercenario fue en su día leal al faraón hasta que, por razones desconocidas, cayó en desgracia con Amosis II y decidió abandonar Egipto para dirigirse a Persia. Tras escapar airoso de su cautiverio, ordenado por el ansioso faraón, que sospechaba de su traición, Fanes de Halicarnaso llegó a Persia, donde habló con Cambises II, que estaba preparando la conquista. El mercenario hizo uso de sus conocimientos sobre Egipto y aconsejó a Cambises la mejor manera de entrar en el valle. Sugirió al rey persa que negociara con los reyes árabes para que le concedieran un paso seguro hasta el reino del Nilo.

Los árabes, que sentían odio hacia Amosis, accedieron gustosamente a la petición del rey e incluso suministraron a los persas agua fresca y más tropas. Con un pasaje seguro asegurado y la ayuda de los árabes, Cambises II lanzó finalmente su campaña. Sin embargo, su batalla no fue contra Amosis II, ya que el faraón murió seis meses antes de que el rey persa pudiera siquiera poner un pie en el desierto. En su lugar, el rival de Cambises resultaría ser el nuevo rey de Egipto, Psamético III, hijo de Amosis II.

Cuenta la leyenda que pocos días después de la coronación de Psamético III, la ciudad santa de Tebas fue testigo de una repentina lluvia. Fue un acontecimiento poco frecuente, y los egipcios lo interpretaron como un mal presagio. Tal vez fuera una advertencia al nuevo faraón sobre el inminente ataque de los persas liderados por el vengativo Cambises II. Cuando llegó la noticia de la invasión a Psamético III, el joven faraón montó inmediatamente una defensa y pasó días y noches preparándose para la batalla. Psamético carecía probablemente de suficiente experiencia en el campo de batalla, por lo que contó con la ayuda de aliados. Primero envió a su almirante, Udjahorresnet, a la costa mediterránea para defenderse de la flota fenicia enviada por Cambises. Desgraciadamente, el almirante optó por dar la espalda al joven faraón y se puso del lado de los persas. Lo mismo podría decirse de su otro aliado, Polícrates de Samos; en lugar de suministrar mercenarios a los egipcios, Polícrates envió a sus hombres a unirse a las filas de Cambises.

A pesar de tener que enfrentarse a las traiciones de sus aliados, Psamético III continuó con su estrategia defensiva. El faraón se mantuvo firme en Pelusio, una importante ciudad en el brazo más oriental del Nilo, y fortificó su capital, Menfis, con la esperanza de que pudiera resistir un posible asedio. Se dice que Psamético estaba bastante confiado en la batalla, ya que, en un principio, sus tropas fueron capaces de contener a los persas. Sin embargo, las tornas cambiaron pronto cuando estalló la batalla en Pelusio. Cambises, que había aprendido todo sobre las costumbres y creencias religiosas de los egipcios, especialmente su veneración por los gatos —los gatos eran considerados sagrados para los egipcios; a menudo se asociaban con la diosa Bastet—, ordenó a sus tropas que pintaran sus escudos con una imagen de Bastet. Algunas fuentes afirman incluso que los persas llevaban gatos y otros animales sagrados al campo de batalla. Al ver las imágenes de su diosa en los escudos de su enemigo y la visión de sus animales sagrados, los egipcios depusieron sus espadas e intentaron retirarse.

El encuentro de Psamético III y Cambises II

Heródoto afirmó que, a pesar de la rendición, muchos egipcios fueron masacrados en el campo de batalla. Los historiadores sugieren que cerca de cincuenta mil egipcios perecieron durante la batalla, mientras que los persas solo perdieron siete mil vidas. Los egipcios que sobrevivieron a la batalla se retiraron inmediatamente a Menfis; el joven faraón fue uno de los supervivientes. Sin embargo, los persas aún no habían acabado, pues asediaron Menfis poco después de la retirada egipcia. Psamético III cayó prisionero tras el asedio. Se dice que el faraón recibió un trato justo a pesar de ser un prisionero, pero más tarde fue ejecutado cuando se descubrió que planeaba una revuelta contra los persas.

Cambises continuó su campaña y desplegó su ejército por todo el valle. En 525 a. e. c., los persas habían conquistado todo Egipto, y las tribus libias vecinas se sometieron voluntariamente al rey triunfante. Con el vasto valle convertido oficialmente en una satrapía del Imperio persa, Cambises se dirigió a Sais, donde finalmente se coronó nuevo faraón de Egipto.

Adoptando el nombre faraónico de Mesut-Ra, Cambises II fundó la dinastía XXVII de Egipto. Sin embargo, según Heródoto, el rey persa era todo lo contrario a su padre. Mientras que el mayor valor de Ciro el Grande era su misericordia, Cambises II era conocido por su crueldad. El historiador griego llegó incluso a describirlo como típico rey loco.

Como el conflicto entre Egipto y Persia comenzó durante el reinado de Amosis II, se creía que el rey persa le guardaba rencor. Cuando el faraón murió antes de que pudiera llegar a Egipto, Cambises decidió vengarse del cuerpo conservado de Amosis. Entró en la tumba del faraón, robó su momia y la redujo a cenizas. La acusación más famosa de Heródoto contra el rey persa fue el asesinato del toro sagrado Apis de Menfis.

CAMBYSES KILLING THE APIS.

Cambises II matando al toro Apis

Si Cambises cometió o no todos esos actos atroces sigue siendo objeto de debate, aunque la mayoría de las pruebas contemporáneas sugieren lo contrario. El faraón persa parece que nunca soñó con borrar la cultura egipcia. Es posible que su imagen se viera empañada por los sacerdotes, ya que el rey persa no gozaba en absoluto de su favor, posiblemente debido a una de sus opiniones; a diferencia de los gobernantes nativos de Egipto, Cambises II pensaba que era innecesario que el reino cobrara impuestos a sus súbditos solo para mantener los templos.

El faraón persa se enfrentó a varias revueltas de los egipcios durante los primeros años tras la conquista. Además de Psamético III, Cambises también se vio obligado a acabar con una resistencia liderada por un individuo llamado Petubastis IV en algún momento del año 522 a. e. c. Al enterarse de la revuelta, Cambises envió inmediatamente a sus tropas para sofocarla. El resultado de esta batalla es un misterio. Heródoto sugiere que las fuerzas de Cambises fueron derrotadas por Petubastis IV, pero para encubrir el fracaso, Cambises afirmó que las tropas se perdieron en una terrible tormenta de arena mientras marchaban hacia el campo de batalla. Independientemente del resultado, los egipcios nunca ganaron autoridad, y su reino siguió gobernado por los persas.

Tras la muerte de Cambises en 522 a. e. c., Egipto fue reinado por el siguiente rey persa, Darío I, que gobernó durante más de 35 años. A pesar de tener que sufrir numerosas revueltas por todo el valle del Nilo, Darío fue más conocido por sus aportaciones arquitectónicas. Los historiadores creen que, al igual que el resto de los faraones persas, Darío nunca intentó eliminar las culturas únicas de Egipto. De hecho, trabajó para integrar la cultura persa en la egipcia. Bajo Darío I, el valle conoció los sistemas de agua persas, que eran más avanzados en comparación con los que conocían los egipcios nativos.

Relieve de Darío I (también conocido como Darío el Grande)
Surenae, CC BY-SA 4.0 <https://creativecommons.org/licenses/by-sa/4.0>, vía Wikimedia Commons: https://commons.wikimedia.org/wiki/File:Darius_I_(The_Great).jpg

Darío I fue sucedido por Jerjes I a su muerte en 486 a. e. c. Jerjes I, que gobernó durante algo más de dos décadas, es más recordado por su intento de anexionarse Grecia. Fue asesinado por sus propios aliados en la corte. El trono quedó en manos de su hijo, Artajerjes I. Durante su reinado, la dinastía XXVII empezó a dar sus primeros síntomas de decadencia. El mayor desafío para Artajerjes fue Inaro, un rebelde egipcio que se había aliado con los atenienses.

Para sofocar la rebelión, Artajerjes envió un ejército comandado por el sátrapa Aquémenes. Tal vez la suerte no estuviera del lado de los persas, que fueron rápidamente derrotados por los rebeldes. Los egipcios recuperaron su poder sobre ciertas partes del valle, aunque los persas permanecieron dentro de los muros fortificados de Menfis. Sin embargo, seis años más tarde, los persas se impusieron y derrotaron a Inaro y sus aliados atenienses, con lo que Egipto volvió a caer en manos de los persas.

Pronto estalló otra rebelión durante el reinado de Darío II, el último faraón de la dinastía XXVII. La rebelión fue liderada por un egipcio llamado Amirteo. Él y sus seguidores lograron desalojar del trono al faraón persa y devolvieron Egipto a manos de gobernantes nativos. El sucesor de Darío II en Persia, Artajerjes II, probablemente intentó restaurar la ocupación persa en el valle, pero sus esfuerzos se vieron truncados al verse obligado a enfrentarse a una serie de levantamientos y revueltas impuestas por los furiosos egipcios. Así, los egipcios consiguieron liberarse de las garras de gobernantes extranjeros, poniendo fin al primer periodo del Egipto persa. Sin embargo, esto solo duró un siglo, ya que los persas regresarían con más fuerza que nunca.

El segundo periodo de ocupación persa comenzó tras el reinado del faraón Nectanebo II. Durante los primeros años de su gobierno, Egipto prosperó. El faraón también protegió eficazmente su reino de los diversos intentos de invasión de los persas con la ayuda de su ejército y de mercenarios griegos. Sin embargo, las cosas cambiaron cuando el faraón fue traicionado por un mercenario griego llamado Mentor de Rodas, que llevó a sus hombres a las filas del rey persa, Artajerjes III. Con el apoyo de algunas ciudades griegas (excepto Atenas y Esparta, que declinaron pacíficamente ir contra Egipto) y de los mercenarios de Mentor, Artajerjes III acabó aplastando a las fuerzas de Nectanebo II en el 342 a. e. c. Tras su victoria, el rey persa marchó a Menfis e instaló un nuevo sátrapa. Nectanebo II huyó a Nubia y planeó recuperar el trono, aunque su intento no tuvo éxito.

Con Nectanebo II fuera del trono, Egipto quedó de nuevo bajo el control de los persas durante la siguiente década. Artajerjes III gobernó hasta su muerte y fue sucedido por Artajerjes IV Arsés y luego por Darío III, que pronto se enfrentaría a Alejandro Magno y sería testigo de la caída del Imperio persa.

Capítulo 12: Alejandro Magno y el reino ptolemaico

Brillante, diplomático, carismático, despiadado, sediento de poder y sanguinario: estas son algunas de las palabras que se utilizan a menudo para describir a Alejandro Magno. Se dice que el joven conquistador nunca estuvo solo, ni en los breves periodos de paz ni en los de guerra constante. Siempre lo acompañaban sus leales hombres, que juraban seguirlo allá donde se aventurara.

Antes de grabar definitivamente su nombre en los libros de historia como una de las mayores mentes militares del mundo antiguo, Alejandro, como muchas otras poderosas figuras históricas, nació en el seno de una familia real muy estimada. Aunque algunos creen que era hijo de Zeus, el poderoso rey de los dioses griegos, los historiadores prefieren otra versión. Nació en el año 356 a. e. c., hijo del rey Filipo II de Macedonia y su esposa, la reina Olimpia. Aunque la brillantez y las proezas no siempre se heredan por línea sanguínea, el caso de Alejandro fue distinto. Su padre fue un gobernante impresionante. A pesar de contar con un país débil al principio de su reinado, Filipo II demostró sus excepcionales dotes de mando moldeando su ineficaz ejército hasta convertirlo en una fuerza formidable. Su determinación de sacar al reino de su terrible estado acabó dando sus frutos, ya que sometió a la mayor parte de Grecia y transformó Macedonia en una fuerza a tener en cuenta.

Tal vez las victorias de su padre despertaron en el joven Alejandro la determinación de mostrar su vigor y valentía. De hecho, el joven conquistador compartía la misma fantasía que su padre, que era conquistar el Imperio persa. A los doce años, Alejandro demostró su don domando a Bucéfalo, un enorme y furioso semental que muchos creían que nadie podía montar. El semental pronto se convirtió en el compañero más leal de Alejandro en innumerables batallas y guerras.

A los trece años, Alejandro empezó a absorber conocimientos cruciales de Aristóteles. Tres años más tarde, quedó temporalmente al mando de Macedonia cuando su padre entró en combate. Antes de cumplir los veinte, Alejandro se unió a su padre en el campo de batalla contra el Batallón Sagrado de Tebas, una fuerza de élite del ejército tebano formada por 150 parejas de amantes masculinos. Algunas fuentes afirman que la unidad de caballería de Alejandro diezmó las tropas enemigas y brindó a Macedonia otra gloriosa victoria.

Alejandro Magno en la tumba de Ciro el Grande
https://commons.wikimedia.org/wiki/File:Valenciennes,_Pierre-Henri_de_-_Alexander_at_the_Tomb_of_Cyrus_the_Great_-_1796.jpg

Dos años después de la victoria, Alejandro recibió la noticia del asesinato de su padre a manos de su guardaespaldas, Pausanias. Con el fallecimiento del rey de 46 años, Alejandro subió al trono como nuevo gobernante de Macedonia. Tras aplastar a sus rivales, Alejandro comenzó a avanzar hacia la consecución de su objetivo: continuar con el plan de dominación mundial de Macedonia y derrocar al Imperio persa de una vez por todas.

A lo largo de sus cruentas batallas contra los persas, Alejandro tenía un único objetivo: eliminar al gobernante del imperio, el rey Darío III. Solo tres años después de reclamar el trono, Alejandro tuvo el placer de entrar en otra batalla y enfrentarse por primera vez al rey persa. El rey Darío III pudo respirar tranquilo cuando se dio cuenta de que Alejandro era superado en número por sus decenas de miles de soldados. Su alivio, sin embargo, se vio truncado cuando fue testigo de la determinación de los macedonios por acabar con él. Se cree que Alejandro sufrió una herida grave en el muslo, pero nunca frenó su avance. Darío III pasó de estar seguro de salir victorioso sobre el joven conquistador a huir del campo de batalla en su carro antes de cambiar a caballo.

Alejandro Magno enfrentándose al rey Darío III en la batalla de Issos

Las fuentes afirman que Alejandro siguió persiguiendo al rey en fuga hasta que el cielo se oscureció, pero ni siquiera se encontraron sus huellas. El joven conquistador solo encontró a la madre, la esposa y las dos hijas del rey persa en la tienda privada de Darío. Tan despiadado como podía ser Alejandro, el rey macedonio se negó a hacer daño a las mujeres. En su lugar, les informó de la huida de Darío y les prometió su seguridad, ya que él solo buscaba el dominio de Persia. Sisigambis, la madre del rey persa, se sintió profundamente decepcionada por la cobardía de su hijo, lo que la llevó a suplicar su lealtad al joven rey macedonio. También se cree que los dos improbables aliados formaron un fuerte vínculo hasta el punto de que Alejandro se referiría a Sisigambis como su «madre».

El rey Darío III deseaba recuperar a su familia y poner fin a la guerra pacíficamente, pero su oferta de paz fue inmediatamente rechazada por

Alejandro. Este último continuó su campaña en Egipto, donde no le quedó más remedio que soportar el largo asedio de Gaza. En aquella época, la ciudad estaba protegida por altas murallas que alcanzaban más de 18 metros de altura. Alejandro y sus hombres lo intentaron tres veces antes de encontrar la forma de abrir una brecha en las murallas y capturar la ciudad. Aunque el comandante persa de Gaza, Batis, había sido terriblemente derrotado, se negó a rendirse al joven conquistador, lo que le ocasionó una muerte terrible —el comandante fue arrastrado vivo por un carro alrededor de la ciudad hasta que murió.

El éxito del asedio dejó una puerta abierta para que Alejandro entrara en Egipto e impusiera su poder sin apenas resistencia. Los egipcios, testigos de la caída de los persas a manos del joven rey macedonio, celebraron su llegada con los brazos abiertos. En Menfis, Alejandro fue coronado con la doble corona, símbolo de su poder sobre el Alto y el Bajo Egipto, convirtiéndose así en faraón del reino. Según la tradición y las creencias egipcias, el nuevo faraón fue deificado como hijo de Ra y venerado por la mayoría de sus súbditos.

Aunque se decía que Alejandro respetaba la cultura y las costumbres egipcias —incluso llegó a honrar públicamente a los principales dioses egipcios—, el joven conquistador también era consciente de las riquezas del Nilo. Sabía que la explotación de los recursos de Egipto podría desempeñar un papel importante en sus próximas campañas, especialmente en sus planes para localizar al rey Darío III. En un principio, Alejandro eligió Faro como emplazamiento de su nueva ciudad, pero luego cambió de idea y se centró en otro lugar situado en los límites de Egipto, que podría servirle para controlar el comercio entre Egipto y el Mediterráneo. Encantado con la ubicación y tras encontrar buenos augurios, el conquistador fundó la ciudad de Alejandría. Aunque Alejandro no llegó a ver terminada la ciudad, Alejandría pronto se convirtió en el centro de la cultura helenística.

Dibujo de la antigua ciudad de Alejandría

Los historiadores sugieren que Alejandro pasó solo seis meses en Egipto y recuperó el país antes de embarcarse en otra campaña. Con Mesopotamia como próximo destino, el conquistador chocó finalmente espadas por segunda vez con el rey Darío III. Abrumado una vez más, Darío huyó del campo de batalla. Sin embargo, su destino ya estaba sellado, pues sus propias tropas lo asesinaron. Alejandro sustituyó a Darío como nuevo rey de Persia y expandió sus dominios. Marchó a la India en el 327 a. e. c. Cuatro años más tarde, planeó su siguiente movimiento para invadir Arabia, aunque esta campaña no fructificó. El poderoso conquistador murió en junio del 323 a. e. c., a la madura edad de 32 años. Algunos creen que murió de malaria, mientras que otros afirman que fue envenenado. Sin embargo, Alejandro Magno no dejó sucesores que heredaran su vasto imperio, que incluía Egipto.

Ptolomeo I Soter, fundador de la dinastía ptolemaica

Ptolomeo fue uno de los sucesores de Alejandro Magno y el fundador de la dinastía ptolemaica de Egipto, que prosperaría hasta la conquista del Imperio romano. Nació en el año 366 a. e. c., pero no se sabe mucho de sus primeros años; ni siquiera se ha confirmado su linaje. Aunque los historiadores sugieren que Ptolomeo nació de un noble macedonio muy respetado conocido como Lagus, otros también creen que era hijo ilegítimo del rey Filipo II. Sin embargo, esto no es más que un rumor, sobre todo porque los expertos afirman que Ptolomeo era aficionado a las exageraciones y utilizaba este tipo de propaganda para fortalecer aún más su posición. No obstante, Ptolomeo fue, sin duda, un general macedonio más o menos importante durante todo el transcurso de las conquistas de Alejandro.

A pesar de ser mayor que Alejandro y que los otros generales que marcharon a Persia junto a él, Ptolomeo recibió una educación completa y contó con la tutoría de Aristóteles. Cabe suponer que estaba muy unido al joven conquistador incluso antes de que este reclamara el trono. Ptolomeo participó en numerosas batallas, especialmente contra los persas. Más tarde, Ptolomeo, que ya actuaba como consejero del joven rey, recibió el honor de ser el guardaespaldas personal de Alejandro.

Se dice que Alejandro expresó claramente su ira al descubrir la repentina muerte del rey Darío III. Cuando se desveló la identidad del asesino, un segundo de Darío llamado Bessos, Alejandro ordenó a Ptolomeo que viajara a cierta aldea donde Bessos iba a ser extraditado por sus oficiales. Siguiendo las órdenes del rey, Ptolomeo regresó con Bessos, que fue atado y desnudado. El asesino fue azotado en público antes de que le cortaran las orejas y la nariz, un castigo común entre los persas. Para poner fin a su sufrimiento, Bessos fue enviado a la antigua ciudad de Ecbatana, donde fue ejecutado delante del hermano de Darío III.

Tras la exitosa conquista de los persas, Ptolomeo continuó marchando junto al joven rey. Durante la campaña en la India, se dice que Ptolomeo fue gravemente herido por una flecha envenenada. Estuvo a punto de morir hasta que Alejandro le salvó la vida utilizando un brebaje especial compuesto por una combinación de varias hierbas autóctonas. Esta pudo ser una de las razones de la lealtad de Ptolomeo a Alejandro. Sin embargo, tras la muerte de Alejandro en Babilonia, Ptolomeo y los demás generales empezaron a luchar entre sí con la esperanza de asegurarse el poder sobre las numerosas tierras del vasto imperio.

Busto de mármol de Ptolomeo I Soter
Gary Todd de Xinzheng, China, CC0, vía Wikimedia Commons:
https://commons.wikimedia.org/wiki/File:Marble_Bust_of_Ptolemy_I_%22Soter,%22_Founder_of_Ptolemaic_Dynasty_of_Egypt,_c._3rd_C._BC_(28018907870).jpg

Cuando Ptolomeo acompañó a Alejandro a Egipto varios años antes, el general quedó sorprendido por los ricos recursos del reino. Vio el potencial que tenía Egipto para convertirse en una de las naciones más poderosas del mundo. Cuando el autoproclamado regente del Imperio macedonio, Pérdicas, sugirió que esperaran al nacimiento de Alejandro IV (el hijo de Alejandro Magno y su esposa, Roxana) antes de nombrar al siguiente gobernante, Ptolomeo no tardó en mostrar sus objeciones. Tras dirigir una campaña para dividir el imperio entre los generales, Ptolomeo consiguió apoderarse de Egipto. Sin embargo, esto solo fue el principio de las guerras de los Diádocos, un conflicto librado por los principales generales de Alejandro Magno.

Aunque Ptolomeo ya había sido nombrado gobernador de Egipto, no podía estar tranquilo, pues sabía que estaba siendo vigilado por Pérdicas. Así que empezó a tramar un gran robo. A los ojos de los macedonios, los restos de Alejandro Magno eran algo más que un cuerpo frío y sin vida; eran el talismán de la autoridad y la legitimidad. Quien poseyera sus restos detentaba el verdadero poder del imperio. Ptolomeo intentó robar el cuerpo del rey cuando su elaborado carro funerario partió de Babilonia rumbo a Macedonia. Tras sobornar a la escolta, Ptolomeo desvió el carro a Egipto. Alejandro fue enterrado en Menfis, el centro de gobierno de Egipto en aquella época.

Pérdicas, cuyo poder se vio seriamente empañado sin el cuerpo de Alejandro en su poder, pronto planeó un ataque contra Ptolomeo en Egipto, una maniobra que acabó con su vida. La mayoría de las tropas macedonias acudieron a engrosar las filas del ejército de Ptolomeo. Con el éxito de su plan, Ptolomeo se libró por fin de Pérdicas, aunque pronto se vio envuelto en otra serie de guerras entre el resto de generales y sucesores de Alejandro, ávidos de poder. En el 305 a. e. c., Ptolomeo se proclamó faraón de Egipto y, un año más tarde, obtuvo el título de «Soter» o «Salvador» tras defender a los habitantes de Rodas de uno de los generales de Alejandro, Demetrio I.

Tras la derrota de Antígono, otro de los generales de Alejandro y fundador de la dinastía antigónida, en la batalla de Ipsos, Ptolomeo pudo por fin trasladar toda su atención a Egipto. Su primer paso fue trasladar la capital del reino a Alejandría, la ciudad dorada imaginada por Alejandro Magno antes de morir. Dada la situación estratégica de la ciudad en la desembocadura del Nilo, se estableció una nueva ruta comercial que benefició enormemente a la economía egipcia. Más griegos comenzaron a afluir a la ciudad, con lo que el griego se convirtió en la lengua oficial del gobierno y el comercio.

Aunque Ptolomeo no aprendió la lengua egipcia y solo hablaba griego, nunca abandonó las tradiciones y costumbres de sus súbditos. Se permitió a los sacerdotes reanudar sus actividades religiosas cotidianas y se reconstruyeron los templos que habían sido demolidos por los persas. En un intento de asimilar las influencias griegas a la religión egipcia, Ptolomeo fundó un nuevo culto en torno a Serapis, una deidad nacida tanto de las creencias egipcias como de las griegas.

Ptolomeo también intentó transformar Alejandría en la capital intelectual del mundo helenístico. Encargó la construcción de un museo y de la famosa Biblioteca de Alejandría, que albergaba una enorme cantidad de rollos de papiro y libros de valiosos conocimientos. El rey de Egipto también fue responsable de la fundación del Faro de Alejandría, que más tarde completó su hijo y que se ganó un lugar en la lista de las Siete Maravillas del Mundo Antiguo. Las pirámides de Guiza también entraron en la lista.

Ptolomeo fundó una nueva dinastía y puso a Egipto en el buen camino. El país prosperó y su riqueza no dejó de crecer. Su comercio y su economía florecieron, y sus fronteras eran seguras. El reino pronto se hizo deseable por muchas fuerzas del mundo antiguo. Tras la muerte del rey en el 282 a. e. c., sus descendientes directos seguirían gobernando el rico reino durante casi tres siglos. Pero, por supuesto, ningún reino estuvo nunca libre de luchas durante demasiado tiempo. Las guerras civiles no tardaron en asolar la tierra, lo que acabó dando paso a los romanos, que poco a poco fueron afirmando su poder. Con Cleopatra, Egipto volvió a alcanzar la gloria, pero la paz y la independencia no iban a durar mucho más en Egipto.

Cleopatra, la última soberana de la dinastía ptolemaica

Es probable que muchos conozcan el nombre de Cleopatra. Fue una de las pocas reinas de Egipto cuyo nombre es muy conocido hoy en día. Cleopatra, una de las figuras más controvertidas de la historia antigua, suele ser descrita como una gobernante sedienta de poder que haría cualquier cosa por asegurar su trono. Sin embargo, la evidencia contemporánea sugiere que la reina del Nilo fue una de los faraones más poderosos de la dinastía.

Cleopatra pasó la mayor parte de su juventud aprendiendo sobre el mundo. Se cree que Cleopatra podía hablar al menos seis idiomas diferentes, y era la única faraona ptolemaica que podía hablar egipcio.

Ayudó a su padre durante su reinado, por lo que no es de extrañar que la reina consiguiera llevar a Egipto a otra era de prosperidad.

El legendario encuentro de Cleopatra con Julio César
Jean-Léon Gérôme, óleo sobre lienzo, 1866, CC BY-SA 4.0
<*https://creativecommons.org/licenses/by-sa/4.0*>, *vía Wikimedia Commons:*
https://commons.wikimedia.org/wiki/File:Cleopatra_Before_Caesar.png

Sin embargo, su viaje para reclamar el trono no estuvo exento de obstáculos. A la muerte de su padre, Ptolomeo XII, el manto pasó a Cleopatra y a su marido-hermano, Ptolomeo XIII. (Aunque no hay pruebas firmes de que se casaran, es probable que lo hicieran, ya que era tradición que la realeza egipcia se casara con su hermano). Como Ptolomeo XIII no era más que un niño cuando subió al trono, Cleopatra dirigió al pueblo. Incluso llegó al extremo de que solo se acuñara su rostro en la moneda del reino. Solo su nombre aparecía en los documentos oficiales. Esto, sin duda, enfureció al joven Ptolomeo XIII, que afirmaba que Cleopatra no era más que una gobernante sedienta de poder que pretendía tener el reino para ella sola. Y así, tras reunir suficientes apoyos, Ptolomeo XIII logró expulsar a su hermana-esposa de su patria.

Despojada del poder por su propia sangre, Cleopatra se refugió en Siria hasta que surgió una oportunidad que podría ayudarla en su misión de recuperar el trono.

Una guerra civil romana estalló entre dos generales romanos: Julio César y Pompeyo. La guerra acabó por poner en pie a la futura reina de Egipto. Pompeyo fue asesinado por orden de Ptolomeo XIII. César navegó a Egipto para enfrentarse a Pompeyo y se sintió mortificado al saber que el gran general había muerto de esa manera. César se quedó en Egipto, con la esperanza de utilizar la guerra civil en Egipto en su propio beneficio.

Al enterarse de la estancia de César en Alejandría, Cleopatra planeó su entrada, grandiosa pero discreta, con la esperanza de ganarse el apoyo del general romano y allanar el camino para reclamar la corona. Según la leyenda, la futura reina se escondió en un saco y navegó hasta la ciudad fortificada de Alejandría. Cuando atracaron, Apolodoro cargó a la reina —que seguía escondida en un saco— al hombro y se dirigió al palacio donde se alojaba Julio César. Cleopatra se reveló ante el general romano y captó fácilmente la atención de César y se ganó su corazón.

Cleopatra pudo reclamar el trono con el apoyo de su nuevo amante, a pesar de la clara desaprobación de su hermano-marido. Se dice que el joven faraón pataleó de rabia al encontrar a Cleopatra en la cámara de César. Sin embargo, Cleopatra no permitía que sus enemigos se le acercaran. Ptolomeo XIII no tardó en morir cuando se lanzó a la guerra contra César.

El trono egipcio le pertenecía ahora solo a ella. Cleopatra se casó con otro de sus hermanos, Ptolomeo XIV, pero se acordó que ella sería la responsable de los asuntos de estado. Egipto volvió a florecer. El reino se estabilizó y la corrupción se redujo al mínimo. Cuando la sequía y el hambre aterrorizaban el valle, la reina alimentaba a sus súbditos con comida de su granero real. Bajo Cleopatra, el reino rara vez vio rebeliones. Antes de que pudiera producirse otra guerra civil, Cleopatra eliminó sin piedad a todos sus hermanos que mostraban el más mínimo signo de revuelta.

Sin embargo, las cosas empezaron a cambiar cuando César fue asesinado en Roma. La reina, que se creía que estaba en Roma durante el incidente, se dirigió rápidamente a Egipto en cuanto llegó a sus oídos la noticia de la muerte del general. Una serie de guerras estallaron en la República romana. Aprovechando la oportunidad para consolidar su posición y su relación con Roma, la reina entabló relación con Marco Antonio, uno de los más grandes generales de la República romana y estrecho aliado de Julio César. Sin embargo, este movimiento marcó el comienzo de su caída. Según varios historiadores de la antigua Roma, Antonio se estaba volviendo más egipcio que romano, lo que avivó aún más su rivalidad con el futuro emperador romano, Octavio (más tarde conocido como Augusto).

Los romanos creían que la reina egipcia había corrompido a Antonio con sus artimañas. Así pues, los romanos declararon la guerra a Egipto. En la batalla de Accio, las fuerzas de Cleopatra y Antonio se enfrentaron a las tropas de Octavio en el mar Jónico, cerca de la ciudad de Accio. La batalla naval, que tuvo lugar en el año 31 a. e. c., se saldó con la derrota tanto de Cleopatra como de Marco Antonio. Presintiendo que sus muertes estaban cerca si permanecían en la batalla, ambos se retiraron a Alejandría. Octavio, que insistía en poner fin a décadas de rivalidad con Antonio y apartar a Cleopatra del poder, los persiguió hasta la ciudad y derrotó a las tropas alejandrinas que quedaban.

Escena de la batalla de Accio

Viendo que la victoria estaba lejos de su alcance, Cleopatra se suicidó en agosto del 30 a. e. c.; Antonio ya había muerto poco antes debido a una herida autoinfligida al oír el rumor de la muerte de la reina. Con la muerte de la última reina ptolemaica, Egipto ya no pudo saborear la libertad completa, ya que el reino fue anexionado al Imperio romano, formado por Augusto. Esto se considera el fin del antiguo Egipto. Egipto formaría parte de Roma durante más de seis siglos.

Capítulo 13: Arte del Reino Antiguo: momias, figuras, templos, relieves y murales

Un hombre egipcio se disponía a dejar su lugar de trabajo y regresar a su casa, donde su mujer y sus hijos lo esperaban pacientemente. Sin embargo, la expresión del hombre cambió rápidamente cuando se le acercó su ayudante, que le informó de la llegada de otro cadáver que requería su atención inmediata. El hombre, que había pasado la mayor parte de su vida trabajando como embalsamador, no tuvo más remedio que prolongar su jornada laboral para atender al pobre cadáver.

Trabajar hasta tarde no era poco frecuente para los antiguos egipcios, especialmente para los embalsamadores. La muerte no era una ocasión rara en el reino del Nilo. Tras recibir el cuerpo, el embalsamador iniciaba el proceso de momificación. El cadáver se colocaba en una mesa de embalsamamiento baja, tumbada sobre la espalda desnuda. Con el ayudante a su lado, el embalsamador hacía una incisión en la parte inferior izquierda del abdomen del difunto. A continuación, introducía el brazo en la incisión hasta el codo y buscaba los órganos internos. Primero cogía los intestinos y los sacaba del cadáver antes de dejarlos caer en un gran cuenco de cerámica. El cuenco lleno de vísceras se llenaba de natrón, un tipo de agente conservante que suele encontrarse en los lechos de los lagos secos. El natrón era el agente más importante en el proceso de momificación, ya que era necesario para desecar el cadáver y sus órganos, evitando la descomposición.

Después de los intestinos, el embalsamador pasaba al hígado; pinchaba y cortaba con cuidado todo lo que mantuviera unido el hígado en el estómago antes de sacarlo y echarlo en otra vasija de cerámica llena de natrón. El mismo procedimiento se utilizaba para recuperar los pulmones. El único órgano que quedaba dentro del cuerpo era el corazón. Los antiguos egipcios creían que el corazón era el núcleo del ser físico, la inteligencia y las emociones de una persona. Por lo tanto, era de suma importancia dejar el corazón intacto, aunque podría haber sido difícil sacarlo sin dañarlo.

El cerebro no se consideraba más que un relleno de espacio en el cráneo. Para extraerlo, el embalsamador tenía que introducir un gancho de hierro en las fosas nasales hasta que podía palpar la superficie blanda del propio cerebro. Con el gancho, rompía el cerebro en trozos diminutos y los sacaba por las fosas nasales. Una vez más, el embalsamador introducía el gancho de hierro por la nariz del cadáver y aplastaba las partes restantes del cerebro hasta que por fin podía sentir las duras paredes del cráneo. Con la ayuda de su ayudante, el embalsamador daba la vuelta al cadáver para poder golpear la parte posterior de la cabeza y expulsar el cerebro machacado, que se habría convertido en un líquido espeso. Después, el embalsamador vertía resina de árbol en el cráneo para evitar una mayor descomposición.

Una vez que el cuerpo estaba libre de todos los órganos internos que podían descomponerse rápidamente —salvo el corazón, por supuesto—, el embalsamador limpiaba el resto del cadáver antes de introducirlo en una gran tinaja llena de natrón. El interior del cuerpo también se llenaba con natrón para garantizar una desecación completa. Luego, el cadáver se dejaba completamente cubierto de natrón durante al menos cuarenta días. En cuanto a los órganos internos extraídos del cuerpo, se guardaban en jarras de piedra caliza selladas con tapas, cada una de ellas con las tallas de los cuatro hijos de Horus: Duamutef guardaba el estómago, Hapi los pulmones, Amset el hígado y Qebehsenuf los intestinos. Estos cuatro frascos se enterraban junto con el cadáver momificado en su tumba.

Frascos canopos que representan a los cuatro hijos de Horus
https://commons.wikimedia.org/wiki/File:Canopic_jars_BM_4SoH.jpg

Cuarenta días más tarde, el embalsamador volvía para reanudar su trabajo sobre el cadáver. Lavaba el natrón que cubría el cuerpo antes de introducir trapos de lino en la incisión para que el difunto pareciera más real y relleno. También se añadían ojos falsos para que el cadáver tuviera el mismo aspecto que la persona en vida. Una vez que el cuerpo estaba seco y sin humedad, el embalsamador pasaba a la última fase de la momificación: envolver al difunto. Utilizando cientos de metros de lino, envolvía cuidadosamente el cadáver con las tiras de lino mientras un sacerdote recitaba oraciones y conjuros por el alma del difunto.

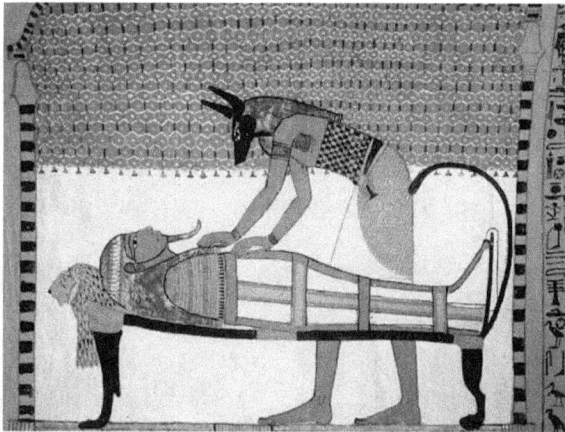

Anubis o un sacerdote atendiendo la momia del difunto

Los sacerdotes llevaban máscaras que se asemejaban al dios Anubis y supervisaban todo el proceso para garantizar una momificación impecable. Cuando la momia estaba terminada, se le colocaba una máscara sobre la cabeza envuelta. El tipo de máscaras variaba en función del estatus del difunto. Las que pertenecían a una familia adinerada solían estar recubiertas de oro y pinturas exquisitas, mientras que las de los menos afortunados solo podían permitirse máscaras sencillas con detalles poco recargados. Lo mismo podía decirse de los amuletos; los ricos eran enterrados con muchos amuletos hechos de piedras preciosas, mientras que los pobres solo podían tener unos pocos amuletos hechos de materiales mucho más baratos.

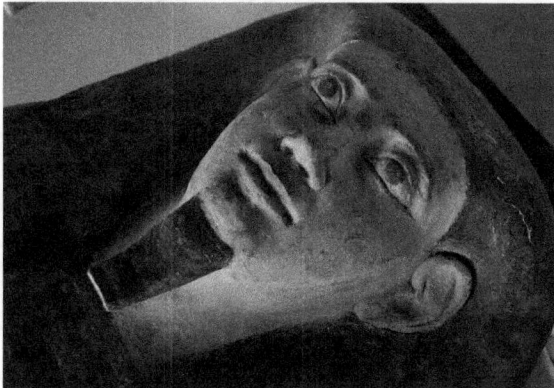

Ejemplo de máscara de momia

Todo el proceso de momificación duraba setenta días. Una vez terminado, la momia estaba lista para ser enterrada en sus tumbas, que habían sido construidas y diseñadas de antemano. Se llevaban a cabo elaboradas prácticas funerarias para preparar al difunto para pasar a su próxima vida. La mayoría de las veces, la momia se colocaba dentro de un sarcófago antes de ser enterrada en su cámara funeraria. Después se sellaba la entrada.

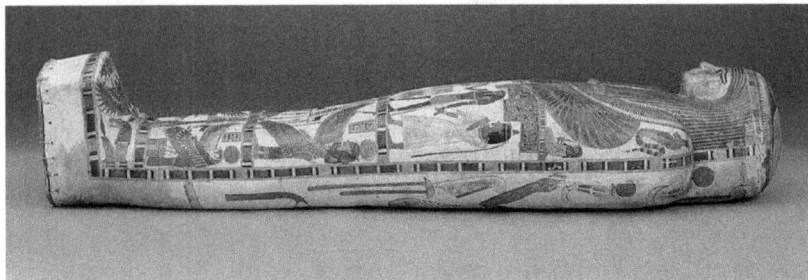

Ejemplo de sarcófago egipcio
Art Institute Chicago, CC0, vía Wikimedia Commons:
https://commons.wikimedia.org/wiki/File:Coffin_and_mummy_of_Paankhenamun_03.jpg

Interior de un sarcófago egipcio
Slices of Light, CC BY-SA 4.0 <https://creativecommons.org/licenses/by-sa/4.0>, vía Wikimedia
Commons: https://commons.wikimedia.org/wiki/File:%22Yellow_Coffin%22_-
_Ancient_Egyptian.jpg

Figuras y estatuas

Los egipcios del Reino Antiguo eran sin duda adelantados a su tiempo, especialmente en lo que a esculturas se refiere. La Gran Esfinge de Guiza es el mayor ejemplo de su extraordinario trabajo. Aunque parezca mentira, los antiguos egipcios nunca se refirieron a la gran escultura como la Esfinge. En realidad, debe su nombre a los viajeros griegos que pensaban que la escultura se parecía a un ser mítico, la Esfinge con cabeza de mujer. Esto se debió posiblemente a que su cuerpo se asemejaba a un león y al Nemes de su cabeza (un paño de lino despojado que llevaban los faraones), que se creyó erróneamente que era el pelo de una mujer. Los egipcios del Reino Antiguo solo se referían a ella como *shepsepankh* (que significa simplemente «imagen viviente»), aunque los habitantes del Imperio Nuevo la llamaban Horemakhet («Horus en el horizonte»).

La Gran Esfinge de Guiza
En inglés: Tomada por w:es:Usuario:BarcexEspañol: Tomada por w:es:Usuario:Barcex, CC BY-SA 3.0 <http://creativecommons.org/licenses/by-sa/3.0/>, vía Wikimedia Commons: https://commons.wikimedia.org/wiki/File:Great_Sphinx_of_Giza_-_20080716a.jpg

La razón de la construcción de esta magnífica estructura sigue siendo objeto de debate entre los eruditos. Sin embargo, muchos coinciden en que se erigió para honrar al faraón Kefrén, ya que la cabeza de la Esfinge se parece mucho a la del faraón. Ciertas partes, sobre todo los rasgos de la cara de la Esfinge, ya no son perfectas, pero gracias a cuidadosas observaciones y estudios, los egiptólogos consiguieron recrear la escultura como cuando estaba en su máximo esplendor. A partir de los fragmentos de piedra esparcidos entre las patas de la Esfinge, es plausible que la

109

escultura tuviera antaño barba, la que suele verse en la estatua de un faraón. También había restos de pintura detrás de las orejas, lo que podría indicar que la Esfinge se adornó inicialmente con pintura en la cara. Por último, pero no por ello menos importante, cabe suponer que la escultura luce un Nemes, el tocado de lino a rayas azules y doradas que llevaban los faraones.

La razón por la que Kefrén quería que su imagen se combinara con el cuerpo de un león sigue siendo un misterio. Dado que los felinos, especialmente los gatos, eran considerados animales sagrados por los antiguos egipcios, es plausible que el gran faraón deseara ser visto como una entidad divina, tal vez como los propios dioses. Sin embargo, es la construcción de la Esfinge lo que más nos intriga. Los eruditos coinciden desde hace tiempo en que, además de maestros constructores, los egipcios eran geólogos asombrosos. Sabían explotar su entorno en beneficio propio, y la Esfinge fue un gran ejemplo de ello. En lugar de construir el cuerpo de la Esfinge sobre el suelo, los arqueólogos creen que los egipcios cavaron zanjas en el lecho rocoso, exponiendo así las capas de piedra caliza que había debajo. A partir de ahí, utilizaron cuñas de madera para separar las capas y tallar la forma de la Esfinge. Los restos de las capas de piedra caliza se reciclaban y se utilizaban para construir los templos circundantes. Los canteros hacían entonces su magia. Con sus cinceles de cobre, añadieron los detalles del rostro del faraón y tallaron el cuerpo del león.

Sin embargo, las muchas y elaboradas estatuas y figuras esparcidas por las tierras del Nilo no siempre servían como adornos o signos de poder. La mayoría de las veces, desempeñaban un papel en la antigua religión egipcia. Una estatua ka, por ejemplo, era crucial para las almas de los difuntos. Los egipcios creían que, al morir, el alma se liberaba del cuerpo y podía vagar por el mundo. Sin embargo, el alma necesitaba su propio cuerpo físico permanente al que regresar tras vagar por el mundo de los vivos. Para ello se crearon las estatuas ka. Para que el espíritu o *ka* reconociera su lugar de descanso, se erigían estatuas de madera o piedra con la imagen del difunto. Las estatuas ka de un faraón solían llevar un Nemes. La estatua de un faraón también tenía una barba postiza, que significaba su condición de dios viviente. Dado que las estatuas ka se clasifican como arte funerario, a menudo se encontraban en tumbas funerarias.

Ejemplo de estatua ka
Jon Bodsworth, uso libre bajo copyright, vía Wikimedia Commons;
https://commons.wikimedia.org/wiki/File:Ka_Statue_of_horawibra.jpg

Mientras que las estatuas ka estaban reservadas especialmente a los faraones, la realeza y los ricos, las tumbas de los que no pertenecían a la realeza presentaban a menudo un tipo de esculturas denominadas cabezas de reserva. A diferencia de las estatuas ka, las cabezas de reserva eran más bien simples y sencillas. Estos bustos no llevaban ni pelo ni un tocado específico. A pesar de ser consideradas estatuas ka para los plebeyos, el verdadero propósito de las cabezas de reserva sigue siendo incierto; algunos expertos afirman que solo servían como retratos.

Estelas egipcias

A diferencia de los griegos y los romanos, las estelas egipcias se veían a menudo en las paredes de un templo o una tumba. La primera aparición de una estela egipcia se remonta a la primera dinastía, en Abidos. A diferencia de las de épocas posteriores, las estelas de la primera dinastía eran bastante sencillas; en ellas solo figuraban el título y el nombre del propietario de la tumba. En la segunda dinastía, estas estelas empezaron a ser más complejas. Una de ellas mostraba la imagen de un individuo sentado en una silla rodeado de diversas ofrendas. Una de las razones por las que los egipcios incluían una estela dentro de una tumba era para mantener vivos los recuerdos del difunto.

Estela del escribano Iry
Szilas, CC0, vía Wikimedia Commons:
https://commons.wikimedia.org/wiki/File:Stele_of_the_scribe_Iry,_Gulbenkian_Museum.jpg

Durante el Reino Antiguo, las estelas de puertas falsas eran la norma. Se creía que estas falsas puertas talladas eran utilizadas por las almas de los muertos como pasadizo hacia el mundo de los vivos. A través de esta puerta, los muertos podían acceder a las ofrendas dejadas por los que aún respiraban.

Una puerta falsa común en una tumba egipcia

Con el paso del tiempo, las estelas evolucionaron hasta servir no solo como forma de decoración en una tumba o como pasadizo para las almas de los muertos, sino que también se utilizaban para conmemorar un acontecimiento o una victoria concretos.

El templo del Sol

El dios del sol Ra siempre había sido una de las deidades más importantes del antiguo Egipto, pero adquirió una enorme popularidad durante el Reino Antiguo. En esta época, Ra era considerado la deidad del estado. Debido a la creciente importancia de Ra, los faraones del

Reino Antiguo encargaron la construcción de templos en honor al dios del sol. Aunque los egiptólogos creen que se construyeron más de una docena de templos del Sol en el valle, solo dos sobrevivieron al paso del tiempo, uno de ellos en Abu Gorab, justo al norte de Abusir.

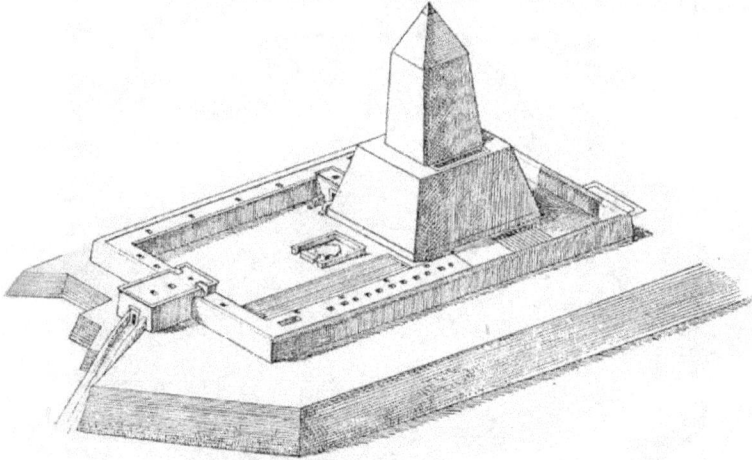

Un dibujo del templo solar de Niuserra
https://commons.wikimedia.org/wiki/File:Temple-solaire-abousir.jpg

Construido en torno al año 2430 a. e. c., el templo también era conocido como el templo del Sol de Niuserra. Basándose en las ruinas, los arqueólogos pueden confirmar que el templo tuvo tres secciones diferentes, una de las cuales era el templo superior, con un obelisco de 36 metros de altura, una estructura cuadrada de cuatro lados coronada por una pirámide triangular. Los obeliscos eran un símbolo del dios Sol. Delante de la alta estructura había un altar hecho con bloques de alabastro blanco. Colocado a propósito para que estuviera expuesto al sol, el altar estaba dispuesto para formar un símbolo particular que significaba «Ra está satisfecho».

Además de las estructuras, en las paredes del templo había tallados varios relieves. Uno de ellos explicaba el papel principal de Ra como dador de vida, mientras que otros dos relieves conocidos como la «Cámara de las Estaciones» representaban las estaciones cambiantes de la inundación y la cosecha. Sin embargo, estos dos relieves ya no se encuentran en Abu Gorab, pues fueron retirados y expuestos en un museo de Berlín.

Un mural en la pared del templo que representa una escena agrícola del antiguo Egipto
Osama Shukir Muhammed Amin FRCP(Glasg), CC BY-SA 4.0
<*https://creativecommons.org/licenses/by-sa/4.0*>, *vía Wikimedia Commons:*
https://commons.wikimedia.org/wiki/File:Fowling_with_a_dragnet,_agricultural_scene,_and_handli
ng_ducks._Wall_fragment_from_the_Sun_Temple_of_Nyuserre_Ini_at_Abu_Gurob,_Egypt._c._
2430_BCE._Neues_Museum.jpg

Por razones desconocidas, el templo fue destruido varias veces, posiblemente por la madre naturaleza. Afortunadamente, fue restaurado por Ramsés II durante su reinado en la época del Imperio Nuevo.

Capítulo 14: Arte y costumbres del Reino Medio: Vida, muerte y más

Sabemos que los antiguos egipcios estaban obsesionados con la vida en todas sus formas; para ellos, incluso la muerte era una nueva forma de vida. Sin embargo, la muerte distaba mucho de ser lo bastante misericordiosa como para poner fin a los peligros y los problemas. En la muerte, los egipcios debían recorrer un camino lleno de obstáculos y amenazas antes de alcanzar finalmente la paz o, mejor dicho, el «Campo de los Juncos», donde sus necesidades estarían siempre satisfechas.

Representación del Campo de los Juncos en un papiro

Cuenta la leyenda que, para alcanzar la eternidad, los egipcios necesitaban ayuda para recorrer los caminos del inframundo. En la tercera dinastía, creían que solo sus reyes y faraones tenían la capacidad de ascender a los cielos. Para guiar a su gobernante fallecido y protegerlo de los peligros inminentes en su camino, los egipcios solían incluir muchos hechizos y conjuros en el sarcófago del faraón y en las paredes de su pirámide. Estos textos religiosos se conocen popularmente como los Textos de las Pirámides.

En algún momento hacia principios del primer periodo intermedio, esta exclusividad empezó a desvanecerse. Los egipcios empezaron a creer que la vida después de la muerte ya no se limitaba solo a la realeza; incluso los plebeyos podían ascender a la otra vida. Y así, los Textos de las Pirámides empezaron a evolucionar hacia lo que hoy conocemos como los Textos de los Sarcófagos. puesto que ahora se consideraba que los individuos corrientes eran dignos de una existencia continuada, era imprescindible que tuvieran sus propios sarcófagos para asegurarse de ser enterrados con hechizos y conjuros que pudieran salvarlos en el inframundo. El número de hechizos variaba y las inscripciones no se limitaban a los sarcófagos, ya que también se escribían en las paredes de las tumbas, en las estelas y, a veces, en la máscara mortuoria del difunto.

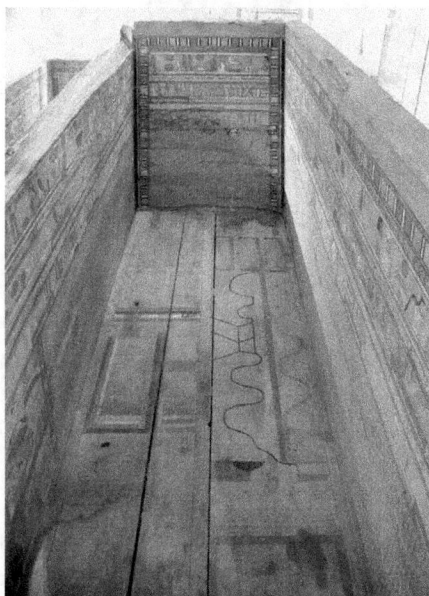

Textos pintados en el interior de un sarcófago
British Museum, uso libre bajo copyright, vía Wikimedia Commons;
https://commons.wikimedia.org/wiki/File:Coffin_of_Gua.jpg

Las creencias egipcias sobre la vida después de la muerte variaron ligeramente a medida que el reino avanzaba hacia la era del Reino Medio. Sin embargo, sus costumbres funerarias sufrieron algunos cambios. Durante la dinastía XI, era habitual que los egipcios —típicamente los pertenecientes a familias adineradas— construyeran sus tumbas dentro de las montañas de Tebas y lo más cerca posible de la tumba de su faraón. Tebas era el principal lugar de enterramiento, ya que era la ciudad de los reyes de la dinastía XI. En la siguiente dinastía, el pueblo empezó a cambiar sus lugares de enterramiento preferidos. Los egipcios, especialmente los que servían en la oficina del faraón, eran enterrados en mastabas situadas en El Lisht, que estaba muy cerca de la capital de Ity-tauy. La pirámide de Sesostris todavía se encuentra en El Lisht, aunque ha sufrido graves daños a lo largo de los años.

Restos de la pirámide de Sesostris en El Lisht
https://commons.wikimedia.org/wiki/File:Licht-senwsPyramids_01.jpg

En cuanto a los que no pertenecían a la familia real ni eran ricos, sus tumbas parecían bastante sencillas. Algunos estaban momificados y envueltos totalmente en lino, mientras que otros solo estaban envueltos, pero no momificados. Los cuerpos de los plebeyos se cubrían con máscaras de momia de cartonaje, hechas con capas de lino y yeso. A diferencia de la realeza y los altos funcionarios, que tenían el privilegio de ser enterrados en intrincados sarcófagos dorados en oro, los individuos corrientes solo podían permitirse ser enterrados en sencillos ataúdes de madera.

Como los egipcios creían en la vida después de la muerte, no era raro que incluyeran distintos tipos de alimentos e incluso armas en las tumbas de los difuntos. Pan, una pata de ternera y cerveza eran algunas de las ofrendas más comunes en las tumbas egipcias. También se enterraban con los muertos modelos de madera, como barcos, escribas y soldados. Los shabti, un tipo de figurilla, también solían enterrarse con los difuntos; se creía que podían servirlos en la otra vida. Esta costumbre reflejaba en cierto modo los antiguos sacrificios egipcios de sirvientes, que se sacrificaban tras la muerte de un faraón para asegurarse de que pudieran servir a su rey en la otra vida. Estos sacrificios solo se practicaron ampliamente durante la primera dinastía y acabaron siendo sustituidos por el shabti.

Ejemplos de estatuillas de shabti
Museo Metropolitano de Arte, CC0, vía Wikimedia Commons:
https://commons.wikimedia.org/wiki/File:Shabti_of_Khabekhnet_and_Iineferty_MET_DT202025.jpg

El objeto más popular era una joya o amuleto llamado escarabajo de corazón. Sin embargo, hay que señalar que rara vez se incluían joyas en las tumbas de los plebeyos. Como su nombre indica, el escarabajo de corazón era un tipo de amuleto con forma de escarabajo, que pertenece a la familia de los escarabajos. El escarabajo de corazón representaba a Jepri, el antiguo dios que podía renovar la vida. Este amuleto funerario solía colocarse en el pecho de las momias y su finalidad era proteger el corazón del difunto.

Un escarabajo de corazón con inscripciones
Museo de Brooklyn, CC BY-SA 2.5 <https://creativecommons.org/licenses/by-sa/2.5>*, vía*
Wikimedia Commons:
https://commons.wikimedia.org/wiki/File:WLA_brooklynmuseum_Heart_Scarab_late_9_to_early
_8th_century_BCE.jpg

Dado que el corazón se consideraba el lugar en el que residían la inteligencia y las emociones del ser humano, los egipcios debían asegurarse de que este órgano, que antes latía, permaneciera intacto hasta su paso por la Sala del Juicio, donde su corazón sería pesado con la pluma de Ma'at. Si el corazón resultaba dañado durante el proceso de momificación, el escarabajo de corazón actuaba como sustituto y se comparaba con la pluma. El amuleto también desempeñaba un papel importante durante la prueba final en la Duat (el reino de los muertos). Como el escarabajo de corazón llevaba inscrito un hechizo específico, podía impedir que el corazón hablara en contra del alma del difunto ante los jueces divinos.

Arquitectura

La época de florecimiento de las pirámides pudo pertenecer a los gobernantes del Reino Antiguo. Sin embargo, cuando el Reino Antiguo terminó poco después de la muerte de Pepi II, y Egipto entró en su primera era oscura, la construcción de pirámides empezó a ser cosa del pasado. El primer periodo intermedio fue tan caótico que los egipcios vieron disminuir el número de nuevas pirámides que se construían en el valle.

En la época de la dinastía XII del Reino Medio, Egipto fue testigo del resurgimiento de pirámides que se asemejaban a las del Reino Antiguo. Sin embargo, la calidad de estas estructuras era, por supuesto, media, especialmente en comparación con las magníficas pirámides de Guiza. Las pirámides del Reino Medio se construyeron con materiales de menor calidad. En lugar de bloques de piedra caliza, muchas de las estructuras construidas durante esta época se hicieron con ladrillos de barro, lo que explica la destrucción de las pirámides de El Lisht.

Amenemhat I fue el primer faraón que inició la construcción de una pirámide durante el Reino Medio. Encargó su complejo piramidal en la necrópolis de El Lisht, que no estaba lejos de su sede de poder en Ity-tauy. La pirámide de Amenemhat I, de al menos 54 metros de altura, se construyó con una mezcla de bloques de piedra caliza, adobes y piedras recicladas de pirámides más antiguas. Toda la estructura se recubrió con un revestimiento de piedra caliza para ayudar a soportar el impredecible clima.

Inspirándose en los diseños de la dinastía VI, Amenemhat I mandó construir la entrada a las cámaras interiores en la sección norte de la pirámide, donde se encontraba la sala de ofrendas. También se construyó un túnel que descendía a una antecámara justo debajo del vértice de la pirámide. Desde la antecámara salía un pozo vertical que conducía directamente a la cámara funeraria, hoy sumergida bajo el agua debido a la subida del nivel freático. Se cree que la pirámide albergaba veintidós pozos funerarios con al menos cuatro mastabas.

Desgraciadamente, la pirámide de Amenemhat I se convirtió en objetivo de ladrones de tumbas desesperados. Combinado con el impredecible clima de Egipto, lo que queda hoy de la pirámide no son más que ruinas.

La pirámide Negra, mandada construir por el faraón Amenemhat III, es otro ejemplo de la arquitectura del Reino Medio. La pirámide debe su nombre al color oscuro del núcleo de adobe expuesto y se dice que fue la primera de su clase en albergar tanto al faraón como a sus reinas. (Los plebeyos solían tener matrimonios monógamos, mientras que los faraones solían tener varias esposas para reforzar las relaciones diplomáticas de Egipto). La pirámide también tenía complejos pasadizos interconectados, que se cree que se construyeron para confundir a los ladrones de tumbas. Algunos también sugieren que el diseño tenía un significado ritual.

Sin embargo, al igual que la pirámide de Amenemhat I, la pirámide Negra se encuentra hoy en un estado lamentable, aunque su mal estado se debe a los múltiples errores cometidos durante su construcción. El terreno sobre el que se asentaban los cimientos de la pirámide era inestable y, debido a su ubicación cerca de la orilla del Nilo, algunas partes de la pirámide se inundaron una vez finalizada la construcción.

Lo que queda hoy de la pirámide Negra de Amenemhat III
Tekisch, CC BY-SA 3.0 <https://creativecommons.org/licenses/by-sa/3.0>, vía Wikimedia Commons: https://commons.wikimedia.org/wiki/File:Black_Pyramid_of_Amenemhat_III.JPG

Quizá la obra arquitectónica más notable del Reino Medio fue otra de las pirámides de Amenemhat III. Aunque la pirámide de Hawara no resistió la prueba del tiempo —actualmente no parece más que un enorme montículo—, en su día fue un enorme complejo de templos que atrajo la atención de muchos. Bautizado como el Laberinto, el historiador griego Heródoto afirmó que el complejo era sobrecogedor, sobre todo por su laberinto de salas y pasadizos serpenteantes. Por desgracia, al igual que la propia pirámide, el complejo de templos fue destruido, dejándonos solo pequeños vestigios.

Estatuas

Las estatuas y esculturas alcanzaron sin duda nuevas cotas de perfección técnica cuando Egipto entró en el floreciente periodo del Reino Medio, especialmente durante el reinado del faraón Sesostris III. Este faraón es reconocido a menudo como uno de los faraones más poderosos de la dinastía XII. Era popular por su suprema destreza militar, pero también era conocido por su escultura. La escultura del faraón, realizada en granito rojo, era diferente a las esculpidas durante los reinados de sus predecesores. En lugar de lucir un aspecto juvenil y vigoroso, el faraón hizo que su escultura plasmara sus llamativos rasgos como un rey envejecido, una representación que se desviaba de la forma habitual de representar a los reyes egipcios reinantes. Los eruditos han interpretado este retrato como una forma de simbolizar la carga de la realeza.

Estatuas de Sesostris III
British Museum, CC BY-SA 3.0 <http://creativecommons.org/licenses/by-sa/3.0/>, *vía Wikimedia Commons:* https://commons.wikimedia.org/wiki/File:ThreeStatuesOfSesotrisIII-RightProfiles-BritishMuseum-August19-08.jpg

Las estatuas colosales también empezaron a utilizarse ampliamente durante el Reino Medio. Este tipo de estatuas se erigían a menudo en parejas y se utilizaban para flanquear las entradas principales de los diversos grandes templos de Egipto. Se cree que las estatuas colosales servían como guardianes de los templos y complejos sagrados. El mejor ejemplo de estatua colosal construida durante este periodo es la estatua sentada de un faraón. Se cree que esta estatua colosal, tallada en granodiorita, representaba al rey Amenemhat II o a Sesostris II.

Durante el Reino Medio se introdujeron muchas innovaciones en la creación de esculturas. El ejemplo más destacado de su floreciente arte es la estatua en bloque, que consiguió mantener su popularidad hasta la dinastía ptolemaica, dos mil años después. Este tipo de escultura solía mostrar a un hombre sentado en un suelo plano con ambas rodillas levantadas hacia el pecho. Sus dos manos estaban cruzadas y descansaban sobre las rodillas. Para crear la forma de bloque, estas esculturas llevaban un manto sencillo pero ancho, que a veces les cubría los pies. Mientras que la forma del cuerpo de la estatua parecía bastante simple, la cabeza de la escultura incluía finos detalles.

Estas estatuas se utilizaban sobre todo como monumentos funerarios para personajes importantes. El motivo de la creación de estas estatuas varía. Algunos sugieren que la estatua simplemente representaba a un hombre descansando, mientras que otros afirman que tenía un significado religioso más profundo relacionado con el proceso de renacimiento.

La colosal estatua sedente de Amenemhat II

Literatura

El Reino Medio también fue testigo del nacimiento del sistema de escritura formal egipcio, que se utilizó a menudo en escritos religiosos, documentos administrativos y obras literarias. Uno de los tipos de texto utilizados en esta época era el hierático. Los historiadores describen esta forma de escritura como una especie de jeroglíficos cursivos del Egipto Medio. Se creía que este sistema de escritura era mucho más sencillo que los jeroglíficos normales que conocemos hoy en día, y escribir en hierático también era más rápido, lo que resultaba útil para producir obras literarias de mayor tamaño.

Quizá la obra literaria más impresionante que se produjo en el Reino Medio fue la «Historia de Sinuhé», cuyo autor sigue siendo un misterio, aunque probablemente se lo consideraba el «Shakespeare» del antiguo Egipto. Narra la historia de Sinuhé, ayudante del faraón Amenemhat I. Se dice que, a la muerte del rey, Sinuhé se sintió envuelto por el miedo y decidió huir de Egipto y empezar una nueva vida en algún lugar cerca de Siria, donde se unió a una tribu llamada los beduinos.

El relato ofrece a sus lectores una visión única de la vida después de la muerte, así como los detalles de las diferencias culturales entre Egipto y Oriente Próximo. Tras imponerse el autoexilio y vivir como beduino, Sinuhé se dejó barba y llevaba el pelo largo, lo que no era aceptable según las normas egipcias, ya que se esperaba que las élites estuvieran bien afeitadas y pulcras. El relato también explora el periplo vital del protagonista, desde que encaja por primera vez en una nueva tribu, sus desafíos con los guerreros y su anhelo de regresar a su lugar de origen, el reino del Nilo.

La «Historia Sinuhé» ha sido estudiada por muchos eruditos de todo el mundo, y aún no se sabe con certeza si narra la historia de un individuo real o si es estrictamente ficción, aunque los lugares, gobernantes y detalles culturales descritos en el texto son exactos para la época. No obstante, este relato se considera una de las formas escritas más antiguas de narración, ya que se produjo hace casi cuatro mil años.

Capítulo 15: El arte del Imperio Nuevo: Innovaciones y alteraciones

Mientras que las guerras civiles, el hambre, las plagas y la sequía eran algunos de los acontecimientos desafortunados más comunes que aterrorizaban al reino, los antiguos egipcios también tuvieron que hacer frente a un delito en particular: el robo de tumbas. Aunque el robo de tumbas era el principal delito del antiguo Egipto desde hacía mucho tiempo —ya existían ladrones de tumbas en el reino desde el periodo predinástico—, en el segundo periodo intermedio se había agravado aún más. Las tumbas más atacadas eran, por supuesto, las pirámides pertenecientes a los faraones y su familia real. Los gobernantes del reino intentaron disuadir a los ladrones construyendo confusos laberintos y pasadizos en sus pirámides o esparciendo escombros por todas las cámaras, pero estos esfuerzos no consiguieron frenar el crimen. Fueron muchas las tumbas en las que lograron entrar y saquear todos sus preciados tesoros, incluidas las momias de los propios faraones.

Cuando Egipto inició la floreciente era del Imperio Nuevo, el tercer faraón gobernante de la dinastía XVIII, Tutmosis I, decidió cambiar la tradición funeraria de los faraones y la familia real. En lugar de enterrar a los difuntos en una enorme pirámide visible a los ojos de muchos desde lejos, los gobernantes de Egipto fueron enterrados en tumbas ocultas excavadas en los riscos de las montañas del oeste de Tebas. Este lugar de enterramiento es conocido hoy como el Valle de los Reyes.

El Valle de los Reyes

Fotógrafo: Peter J. Bubenik (1995), CC BY-SA 2.0 <https://creativecommons.org/licenses/by-sa/2.0>, vía Wikimedia Commons:
https://commons.wikimedia.org/wiki/File:Luxor,_Tal_der_K%C3%B6nige_(1995,_860x605).jpg

Nunca se confirmó el motivo de su ubicación; sin embargo, podría ser plausible que el faraón eligiera este lugar como nueva necrópolis debido al pico más alto de las colinas tebanas, El Qorn, que se asemejaba a las pirámides construidas por sus predecesores. Otros han sugerido que se debió al estado del terreno, ya que la zona siempre había sido estéril. No se veía ni una sola planta emergiendo del suelo. Por ello, la tierra permanecería aislada. A nadie se le ocurriría establecer un nuevo asentamiento en las cercanías.

La cima de El Qorn
Marie Thérèse Hébert & Jean Robert Thibault de Québec, Canadá, CC BY-SA 2.0
<https://creativecommons.org/licenses/by-sa/2.0>, vía Wikimedia Commons:
https://commons.wikimedia.org/wiki/File:%C3%89gypte,_Vall%C3%A9e_des_Rois,_N%C3%A9cr
opole_th%C3%A9baine,_El-
Qurn_(la_Còrne)_montagne_pyramidale_dominant_la_vall%C3%A9e_(49834286528).jpg

Con la ubicación perfecta en mente, Tutmosis expuso su idea de una tumba subterránea secreta a uno de los arquitectos egipcios de renombre de la época, Ineni. Se cree que fue responsable de muchos proyectos de construcción importantes desde el reinado de Amenhotep I hasta el de Hatshepsut y Tutmosis III. Según la inscripción de la tumba del propio arquitecto, este afirmó que supervisó personalmente la construcción de la tumba oculta de Tutmosis. Sin embargo, las fuentes sugieren que utilizó cautivos extranjeros para trabajar en la tumba. Una vez terminada la construcción, fueron asesinados para que la ubicación de la tumba del faraón permaneciera en secreto.

No obstante, el plan de Tutmosis para asegurar su tumba y sus posesiones fue un éxito. La necrópolis solo tenía una entrada, por lo que era imposible que los ladrones de tumbas entraran en el valle sin ser vistos. Con ello, Tutmosis I logró un gran cambio en cuanto a las tradiciones funerarias de los gobernantes egipcios. Sus tumbas rara vez eran asaltadas y sus preciadas posesiones permanecían a su lado. Así lo demuestra la tumba de Tutankamón, descubierta por los arqueólogos en un estado casi perfecto.

Aunque su tumba es considerada por muchos una prueba de la enorme riqueza del antiguo Egipto, y su momia casi perfecta ofrece a los egiptólogos una visión clara del proceso de momificación, Tutankamón (más conocido como el rey Tut) no fue el faraón más notable. Subió al trono a los nueve años y, poco después de su sucesión, cambió su nombre de Tutankatón a Tutankamón. Esto se debió en gran parte a su conocida reforma de las tradiciones religiosas de Egipto.

Con la corona en la cabeza, el joven faraón borró los pasos de su padre, Akenatón. El rey Tut animó a su pueblo a abandonar a Atón, el dios del sol introducido por su padre, y revivió el culto a Amón, recuperando así las centenarias tradiciones religiosas de Egipto. A pesar de ser venerado por los egipcios por restaurar sus creencias religiosas, su nombre fue olvidado casi por completo en el momento en que murió, diez años después de su sucesión. El rey Tut era un faraón frágil. Sufrió múltiples enfermedades durante toda su vida, posiblemente causadas por la endogamia.

Aunque Tutankamón cayó en el olvido, su nombre pronto se hizo ampliamente conocido en todo el mundo en 1922, cuando su tumba fue descubierta por el egiptólogo británico Howard Carter. Sin embargo, algunas fuentes afirman que un niño de doce años llamado Hussein Abdul Rasul tropezó accidentalmente con la entrada de la tumba mientras buscaba agua para los arqueólogos. No obstante, cuando se hizo público el descubrimiento de la tumba, el mundo quedó asombrado.

Dentro de la tumba había cuatro cámaras separadas, con todo su valioso contenido y sus murales intactos. La antecámara contenía todas las preciadas posesiones de Tutankamón, incluidos algunos de los objetos que posiblemente utilizaba a diario, como tres divanes de animales dorados intrincadamente elaborados y un abanico de papel. También estaba la cámara funeraria, donde reposaba el joven y enfermizo rey. Su momia intacta estaba acompañada por dos estatuas de Anubis, el dios de los ritos funerarios y el feroz guardián de tumbas y sepulcros. Las paredes que rodeaban su sarcófago estaban pintadas con diferentes escenas del joven faraón interactuando con los dioses egipcios.

Aunque el tamaño de la tumba de Tutankamón era notablemente menor en comparación con las de otros faraones que le precedieron, el gran número de tesoros intactos descubiertos en las cuatro cámaras de la tumba sin duda dejó atónitos a muchos arqueólogos. Se encontraron más de cinco mil objetos, la mayoría de oro. Para los antiguos egipcios, estos tesoros se guardaban en la tumba para acompañar el alma del faraón fallecido en la otra vida, pero para nosotros hoy nos sirven de guía para viajar en el tiempo.

Interior de la tumba de Tutankamón

El libro de los muertos

La tradición de enterrar a los muertos con objetos cotidianos había sido practicada durante mucho tiempo por los egipcios, y continuó incluso cuando el reino entró en una era completamente nueva. Sandalias, cerámica, armas, muebles y objetos cosméticos eran algunos de los ajuares funerarios más comunes incluidos en las tumbas de los antiguos egipcios. Sin embargo, a diferencia del segundo periodo intermedio, el ajuar funerario se volvió aún más elaborado durante el Imperio Nuevo, posiblemente debido a la creciente riqueza del reino tras siglos de desorden. Aparte de joyas preciosas, los egipcios, normalmente los pertenecientes a las clases elitistas, incluían en sus tumbas un objeto concreto que les servía de guía para continuar su vida después de la muerte y llegar sanos y salvos al Campo de los Juncos.

Conocido como el Libro de los Muertos, este texto funerario estaba escrito en un largo trozo de papiro y contenía un conjunto de hechizos únicos que tenían la capacidad de proteger y guiar al difunto a través de la Duat. Con este libro, uno podía hacerse una idea detallada de lo que le esperaba tras la muerte y cómo superar cada prueba planteada por los dioses que esperaban para juzgar sus actos.

Los escribas egipcios preparaban el Libro de los Muertos por encargo de los familiares del difunto. Sin embargo, no siempre era así, ya que eran muchos los que encargaban el texto funerario con antelación para preparar su propio funeral. Aunque el Libro de los Muertos se consideraba vital para garantizar un viaje tranquilo en la Duat, no todo el mundo tenía el privilegio de tener uno enterrado en su tumba. La producción del texto funerario era bastante costosa. Los trabajadores tenían que ahorrar casi la mitad de su paga anual para poder costearse el pergamino, razón por la cual el Libro de los Muertos a menudo solo se incluía en las tumbas de los ricos.

El contenido y los conjuros mágicos del pergamino —escrito normalmente en jeroglíficos cursivos— variaban de una persona a otra. Hasta la fecha, los historiadores han descubierto 192 hechizos diferentes, que se utilizaban con fines muy diversos. El Libro de los Muertos mejor conservado es el Papiro de Ani. Proporcionó a los egiptólogos gran cantidad de información sobre las creencias del antiguo Egipto sobre la vida después de la muerte.

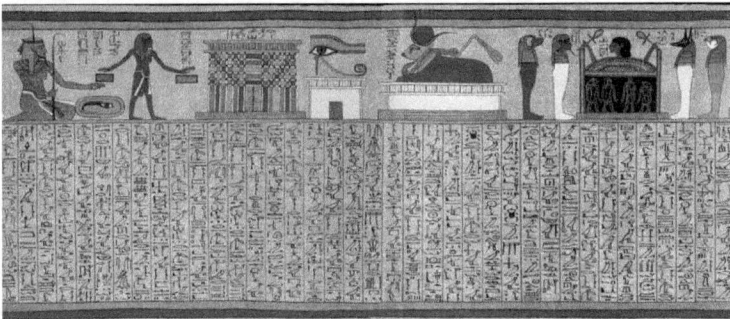

Conjuro escrito en el Libro de los Muertos del escriba Ani
https://commons.wikimedia.org/wiki/File:Bookofthedeadspell17.jpg

Se cree que el pergamino de 18 metros fue preparado para Ani, un escriba que vivió en la antigua ciudad de Tebas. Según el manuscrito, el viaje a través de la Duat era desalentador. El difunto debía atravesar primero una serie de cavernas oscuras, lagos de fuego y puertas mágicas custodiadas nada más y nada menos que por las más temibles bestias, entre ellas Apep (Apofis), la mítica serpiente demoníaca que acecha en la oscuridad a la espera de devorar las almas que pasen por delante de él.

Ani se salvó de estas amenazas gracias a que había personalizado específicamente su pergamino para adaptarlo a las necesidades de su espíritu. Con conjuros, oraciones y hechizos, los egipcios creían que Ani fue capaz de repeler los peligros dispersos en su camino y llegó a la Sala del Juicio. En esta sala en particular, Ani debía comparecer ante 42 dioses que evaluarían su vida en la tierra.

Una representación del pesaje del corazón
https://commons.wikimedia.org/wiki/File:Egypt_dauingevekten.jpg

Ammit, el devorador del corazón
https://commons.wikimedia.org/wiki/File:Ammit_BD.jpg

Tras proclamar sus buenas acciones y convencer a los dioses de su rectitud, Ani pasó al pesaje del corazón. Esta prueba era una de las partes más desalentadoras del inframundo. Si su corazón pesaba más que la pluma de Ma'at —lo que indicaba sus muchas malas acciones—, sería devorado por Ammit, una bestia terrorífica con cabeza de cocodrilo y cuerpo de leopardo e hipopótamo, que acabaría con su existencia para siempre. Sin embargo, gracias a los actos de rectitud de Ani, superó el juicio y se le concedió el paso para reunirse con Osiris, quien más tarde le dio su aprobación para entrar en el Campo de los Juncos, un reino sin dolor, tristeza ni ira.

El templo de Hatshepsut: Uno de los templos más elaborados del Imperio Nuevo

A pesar del odio de algunos egipcios, Hatshepsut condujo a Egipto a un periodo próspero. Su expedición a Punt fue el éxito del que se sintió más orgullosa, pero su mayor contribución sigue siendo visible hoy en día: su templo mortuorio de Tebas. La faraona quiso inmortalizar la historia de su vida y su poder, y se dice que encargó la construcción de su templo poco después de ascender al trono. El diseño y la grandiosa disposición del templo fueron ideas de Senenmut. Este era el mayordomo de Hatshepsut y algunos historiadores creen que también fue su amante.

Inspirado en el templo funerario de Mentuhotep II, que también se encontraba en Tebas, el gran templo de Hatshepsut tenía una enorme rampa de piedra que conectaba el primer patio con el segundo y tercer nivel. Los dos templos presentaban numerosas similitudes, pero el de Hatshepsut era aún más elaborado y superaba la grandeza de cualquier otro templo construido con anterioridad.

El templo funerario de Hatshepsut

Marc Ryckaert, CC BY-SA 4.0 <https://creativecommons.org/licenses/by-sa/4.0>, vía Wikimedia Commons: https://commons.wikimedia.org/wiki/File:Hatshepsut_Temple_R01.jpg

En el antiguo Egipto, el patio contaba con un exuberante jardín, que los visitantes debían atravesar antes de ser recibidos por un conjunto de dos estatuas de leones que flanqueaban la entrada de la rampa central. Al llegar al segundo nivel, los visitantes continuaban deleitándose con las impresionantes vistas de los estanques reflectantes y las estatuas de esfinges que bordeaban el camino que conducía a otra rampa hasta el tercer nivel. En el complejo, adornado con docenas de murales y relieves, también se encontraba la tumba de Senenmut.

Hatshepsut creía tener una conexión especial con Hathor y no olvidó incluir un templo para honrar a la diosa. En el lado opuesto del templo de Hathor se encontraba el templo de Anubis, que era una característica común de un templo mortuorio.

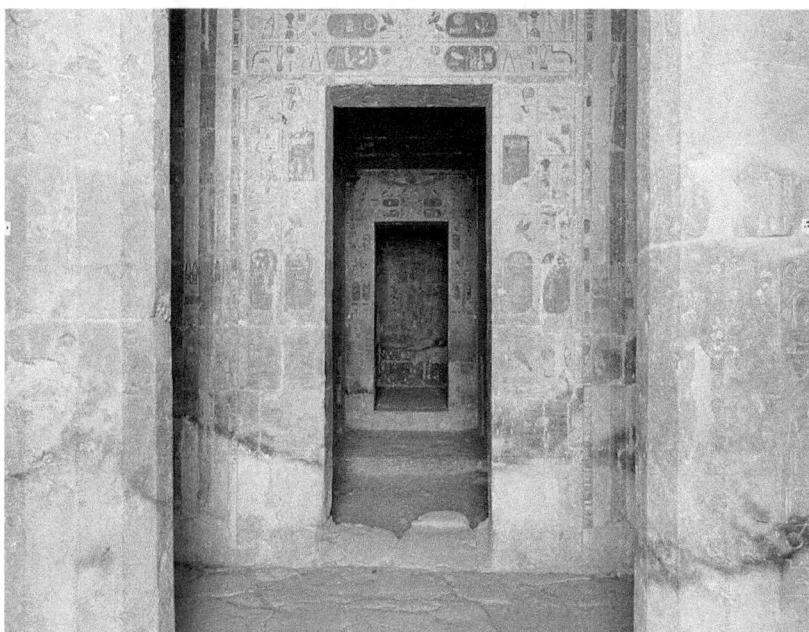

La entrada al templo de Hathor

Quizá la parte más impresionante del templo eran las dos columnatas que se alzaban a cada lado de la rampa que conducía al tercer nivel. En el lado derecho de la rampa se encontraba la Columnata del nacimiento, que narraba el nacimiento divino de Hatshepsut. Las inscripciones de las paredes de esta columnata afirmaban que nació después de que el dios Amón mantuviera una relación sexual con su madre. Mientras que la Columnata del nacimiento se construyó para contar a sus súbditos los orígenes de su nacimiento divino, la Columnata de Punt, en el lado izquierdo de la rampa, se centraba en su popular expedición a la tierra de Punt. Según las inscripciones, esta expedición no solo fue acogida por los habitantes de Punt, sino que también recompensó a Egipto con una riqueza excepcional. Hatshepsut afirmaba que ningún rey anterior a ella había traído al reino tanta fortuna como ella.

La sala hipóstila de Karnak, una maravilla arquitectónica llena de registros de la historia

Se cree que el complejo de templos de Karnak se desarrolló durante el Reino Medio. En un principio, se encargó que el complejo fuera más pequeño; sin embargo, a medida que Tebas ganaba importancia entre los egipcios, muchos reyes empezaron a dejar su huella en el complejo e instruyeron varios grandes templos para honrar al rey de los dioses, Amón-Ra —se decía que su templo era la morada terrenal del dios— y a los dioses Mut y Montu. Con el paso del tiempo, Karnak se transformó en un maravilloso complejo con los templos más elaborados de Egipto, un lago sagrado y otras estructuras adicionales utilizadas a menudo por los sacerdotes, como talleres y cocinas.

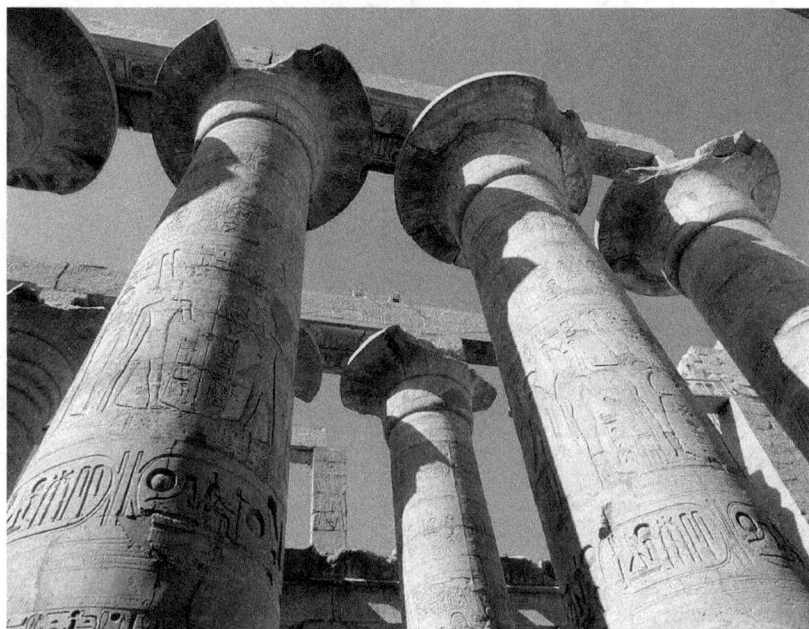

La columna central de la gran sala hipóstila

Sin embargo, de todas las magníficas estructuras situadas en el vasto complejo, la gran sala hipóstila era la que atraía a más visitantes. La sala fue iniciada por el faraón Seti I. No era difícil distinguirla, ya que estaba formada por 134 columnas de piedra maciza, doce de las cuales superaban los veinte metros de altura. A juzgar por los restos de pintura que se conservan en algunas partes de las columnas, es probable que la sala estuviera pintada de vivos colores.

Además de ser una maravilla arquitectónica, la sala también servía como registro histórico. En la parte norte de la sala se encuentran los relieves que representan las batallas libradas por Seti I. La sección sur de la sala fue completada por Ramsés II, por lo que sus contribuciones al reino se esculpieron en las paredes. Entre ellas, el tratado egipcio-hitita que el rey firmó durante su reinado. Seti I y Ramsés II no fueron los únicos que dejaron constancia de sus éxitos en las paredes de la sala, ya que los faraones posteriores también grabarían sus victorias en las superficies de la gran sala.

Abu Simbel, el proyecto de construcción más orgulloso de Ramsés II

Redescubierto en 1813 tras quedar cubierto por las arenas del desierto, Abu Simbel es uno de los templos más impresionantes del mundo construidos por el ser humano. Fue construido por Ramsés II para conmemorar su victoria en la batalla de Qadesh. Dentro del complejo se pueden encontrar dos templos diferentes. El Gran Templo, que tardó casi veinte años en completarse, se construyó para honrar al faraón y a los dioses Amón, Ra y Ptah. El segundo templo, más pequeño, se construyó para la esposa del faraón, Nefertari, y para honrar a la diosa Hathor. La característica más destacada de este templo es su entrada; la puerta excavada en la roca está flanqueada por cuatro estatuas colosales de Ramsés II sentado.

La entrada del templo flanqueada por cuatro estatuas de Ramsés II
https://commons.wikimedia.org/wiki/File:Abu_Simbel_Temple_May_30_2007.jpg

La entrada al templo más pequeño de Nefertari
https://commons.wikimedia.org/wiki/File:Nefertari_Temple_Abu_Simbel_May_30_2007.jpg

Aparte de su impresionante diseño arquitectónico, el templo también sirvió como gran ejemplo de la pericia de los antiguos egipcios en matemáticas y astronomía. El emplazamiento y la posición del templo se eligieron por una razón específica; los antiguos egipcios habían colocado el templo perfectamente alineado con el sol para que la luz iluminara una cámara concreta dentro del Gran Templo en determinadas fechas. En la cámara central se encuentra la estatua de Ramsés II sentado junto a los dioses Amón, Ra y Ptah. Debido a la alineación del templo con el sol, la luz solo ilumina las estatuas del faraón, Amón, y la estatua de Ra-Ptah permanece en la sombra, ya que es el dios de la oscuridad. Esto solo ocurre dos veces al año: el 21 de febrero, fecha de la coronación de Ramsés, y el 21 de octubre, cumpleaños del faraón. Durante el resto del año, la cámara permanece a oscuras. Este acontecimiento bianual se conoce como la Fiesta del Sol y se sigue celebrando hoy en día.

Sin embargo, debido a la crecida del Nilo, los templos tuvieron que ser reubicados recientemente. El minucioso proyecto de reubicación tuvo lugar en 1968 y se completó cinco años después. El templo y todas sus estructuras fueron cuidadosamente desmantelados y reubicados a unos 180 metros de su emplazamiento original. Debido al cambio de ubicación, las fechas de la Fiesta del Sol se trasladaron a un día más tarde. Hoy, los visitantes pueden presenciar cómo el sol ilumina la cámara cada 22 de febrero y 22 de octubre.

El traslado del templo
https://commons.wikimedia.org/wiki/File:Abusimbel.jpg

El sol iluminando las estatuas de Ramsés II, Amón y Ra

Diego Delso, CC BY-SA 4.0 <https://creativecommons.org/licenses/by-sa/4.0>, vía Wikimedia Commons: https://commons.wikimedia.org/wiki/File:Templo_de_Rams%C3%A9s_II,_Abu_Simbel,_Egipto,_2022-04-02,_DD_26-28_HDR.jpg

Capítulo 16: Arte ptolemaico

Tras expulsar a los persas de Egipto y proclamarse pacíficamente nuevo rey, se cree que Alejandro Magno se centró inmediatamente en la construcción de su propia ciudad. Alejandría se convirtió en una de las ciudades mediterráneas más visitadas. Estaba repleta de maravillas arquitectónicas, la mayoría de las cuales, por desgracia, fueron destruidas y se perdieron para siempre.

La estructura más destacada construida durante la época ptolemaica fue el Faro de Alejandría, obra del primer gobernante de la dinastía ptolemaica, Ptolomeo I Sóter. Nombrado una de las Siete Maravillas del Mundo Antiguo, el faro se erguía orgulloso en la pequeña isla de Faros, frente al puerto de la ciudad. El faro se elevaba más de cien metros sobre el nivel del mar y se consideraba una de las estructuras más altas jamás construidas en el mundo antiguo, solo superada por las grandes pirámides de Guiza. Como cualquier otro faro, el de Alejandría se construyó con la intención de guiar a los navegantes a través del vasto mar Mediterráneo. La costa egipcia era peligrosa; había enviado muchos barcos al fondo del mar. Por ello, el faro era necesario para advertir a los marineros de aguas poco profundas o incluso de rocas sumergidas.

Además de servir de ayuda a la navegación, algunas fuentes sugieren que el colosal faro también se construyó para honrar a los antiguos dioses, en particular a Zeus o Poseidón. Antiguas descripciones cuentan que el faro tenía una estatua en lo alto, que muchos historiadores creían que era la estatua del poderoso Zeus.

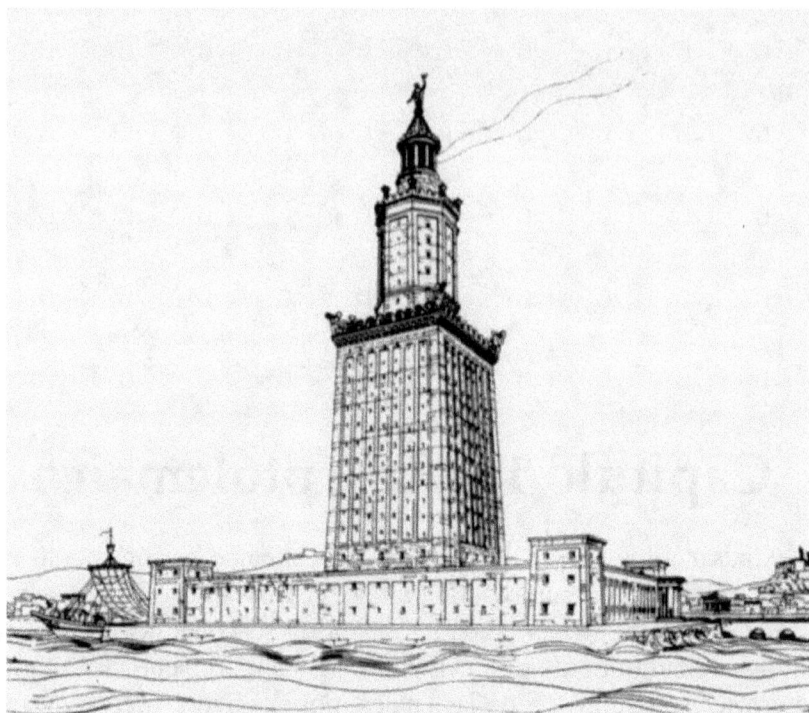

Pero ninguno de los escritos antiguos que han sobrevivido describe el diseño exacto del faro. Recopilando todas las vagas descripciones, se puede suponer que el faro tenía tres niveles diferentes. La base era rectangular, el centro octogonal y la parte superior redonda. Cuando llegaba la noche, se encendía una hoguera en la parte superior del faro. Según antiguas descripciones, para que los marineros pudieran ver el fuego desde lejos, los egipcios utilizaban un espejo de bronce bruñido que reflejaba la llama ardiente.

El gran faro fue testigo de algunos desastres y pasó por varios proyectos de reconstrucción y reparaciones, pero se mantuvo en pie en la pequeña isla durante al menos 1.600 años. En el siglo XIV de nuestra era, el faro dejó de mencionarse en los registros históricos. Se supone que el Faro de Alejandría fue destruido en algún momento de la década de 1330 de nuestra era, aunque ha seguido dejando su huella hasta nuestros días.

Los únicos restos del faro encontrados en el Mediterráneo
Roland Unger, CC BY-SA 3.0 <https://creativecommons.org/licenses/by-sa/3.0>, vía Wikimedia Commons: https://commons.wikimedia.org/wiki/File:AlexLighthouse01.jpg

La Biblioteca de Alejandría

Siendo el propio Alejandro Magno alumno de Aristóteles, no es de extrañar que le gustara mucho el conocimiento. Quería que su ciudad se convirtiera no solo en un centro para el comercio y el intercambio, sino también para todo el conocimiento del mundo. Aunque nunca tuvo la oportunidad de ver terminada Alejandría, sus sueños se hicieron realidad gracias a su leal general, Ptolomeo I. Convertida en el centro cultural e intelectual del mundo helenístico, la ciudad acogió a innumerables visitantes de todo el mundo, especialmente del Mediterráneo. Las más grandes mentes griegas acudían a la ciudad por una razón: visitar la Biblioteca de Alejandría.

Ilustración de eruditos estudiando en la Biblioteca de Alejandría

Se cree que la biblioteca estaba enclavada en el distrito real de la ciudad e integraba en su diseño tanto la cultura griega como la egipcia nativa. Las grandes columnas helenísticas podrían haber sido sus características más prominentes y posiblemente estaban acompañadas por un gran número de estatuas egipcias. Por desgracia, no se conservan fuentes que nos den una idea del excepcional diseño de la gran biblioteca. Lo que sí sabemos es que en su interior había varias salas de conferencias, aulas, laboratorios, salas de reuniones, jardines y tal vez incluso un zoológico. La biblioteca tenía hileras de estanterías, cada una llena de miles de pergaminos que contenían los conocimientos más preciados del mundo.

Al principio, las estanterías solo contenían pergaminos griegos y egipcios. Los gobernantes de la dinastía ptolemaica empezaron entonces a invitar activamente a muchos eruditos a la ciudad, lo que con el tiempo se tradujo en la aportación de muchos más manuscritos. Sin embargo, esto no era suficiente a los ojos de los gobernantes ptolemaicos, que deseaban poseer un ejemplar de cada libro del mundo. Así que los gobernantes aprovecharon el puerto de Alejandría, que bullía gracias al comercio. Se introdujo una nueva política que estipulaba que todos los barcos que atracaran en Alejandría debían entregar sus libros para ser copiados. Esta responsabilidad se encomendó a los escribas de la biblioteca, que pasaban el día duplicando los textos. La copia original del manuscrito se guardaba en la biblioteca, mientras que la versión duplicada se devolvía a los barcos. También se contrataba a cazadores de libros para que recorrieran el mundo en busca de nuevos libros y escritos. Al final, la Biblioteca de Alejandría albergó cientos de miles de pergaminos y manuscritos.

Por supuesto, como muchas otras estructuras del mundo antiguo, la Biblioteca de Alejandría no resistió los estragos del tiempo. Fue destruida en el año 48 a. e. c., cuando Julio César sitió la ciudad. Sin embargo, algunas fuentes sugieren que solo algunas partes de la biblioteca fueron destruidas. Independientemente de la parte destruida, la biblioteca fue restaurada y continuó siendo el centro del saber durante años. No sabemos cuándo se derrumbó definitivamente la biblioteca, pero muchos afirman que su popularidad empezó a decaer durante el Imperio romano.

El Serapeum de Alejandría

Tras acoger el reinado de otra dinastía, los egipcios vieron nacer un nuevo culto que pronto ganó popularidad: el culto a Serapis. Los eruditos coinciden en que Ptolomeo I se esforzó por integrar aún más la antigua religión de los egipcios con la de los griegos. Ptolomeo era muy consciente de que era casi imposible que los egipcios aceptaran una deidad nueva y extranjera en su religión tradicional. Así que combinó las dos deidades egipcias más populares de la época —el señor del inframundo, Osiris, y Apis, que había ido ganando popularidad entre los griegos desde la dinastía XXVI— con el dios griego del rayo, Zeus. Con la creación del nuevo dios, Ptolomeo inició otro riguroso programa de construcción. Encargó la construcción del Serapeum, que más tarde continuaría su hijo y sucesor, Ptolomeo II.

Busto de mármol de Serapis

Considerado por muchos como uno de los templos más grandiosos y bellos de Alejandría, el Serapeum estaba situado en el suroeste de la ciudad, justo en una colina con vistas al mar. El templo también era conocido como la «biblioteca hija», posiblemente por su gran colección de libros. Se cree que el Serapeum de Alejandría era tan grande que los visitantes debían subir cientos de escalones solo para llegar a su magnífico patio. Sus pórticos no dejaban de impresionar a los visitantes, ya que estaban bellamente adornados con oro y bronce dorado. Sin embargo, el templo interior se convirtió en lo más destacado de la estructura, ya que era el lugar donde se encontraba la colosal estatua de Serapis.

Como a los griegos no les gustaban los dioses con cabeza de animal, Serapis siempre fue representado como un hombre barbudo vestido con una túnica. Su estatua en el Serapeum estaba acompañada por Cerbero, el perro de tres cabezas que guardaba las puertas del inframundo griego. La mano derecha del dios descansaba sobre la bestia, mientras que la otra sostenía un cetro levantado.

A pesar de ser venerado tras la conquista romana de Egipto, Serapis fue abandonado paulatinamente cuando surgió el cristianismo. El Serapeum de Alejandría fue destruido por los romanos en el año 391 de la era cristiana. Todo lo que podemos ver de este templo, antaño grandioso, son restos en ruinas.

Las ruinas del Serapeum de Alejandría
Daniel Mayer, CC BY-SA 4.0 <https://creativecommons.org/licenses/by-sa/4.0>, vía Wikimedia Commons: https://commons.wikimedia.org/wiki/File:Alexandria_-_Pompey%27s_Pillar_-_view_of_ruins.JPG

Templo de Edfu

La dinastía ptolemaica contribuyó a la construcción de numerosos templos extravagantes, como el templo de Kom Ombo, el complejo de templos de Dendera y el templo de Esna. Sin embargo, el templo mejor conservado de esta dinastía se encontraba en la orilla occidental del Nilo. Conocido como el templo de Edfu, este templo en particular presentaba una gran diferencia en comparación con los que se solían encontrar en la capital de la dinastía ptolemaica: apenas tenía influencias helenísticas. Sorprendentemente, este enorme templo permaneció intacto.

El templo de Edfu tenía varios significados que lo hacían importante para los egipcios. Desde el punto de vista religioso, el templo se construyó en honor de Horus y su amada esposa, Hathor, diosa egipcia de la fertilidad y el amor. Tras su finalización, se creía que el templo se convirtió inmediatamente en el centro de diversas ceremonias y celebraciones en las que participaban las dos entidades divinas.

La entrada principal del templo de Edfu

Patrick.reb, CC BY-SA 3.0 <https://creativecommons.org/licenses/by-sa/3.0>, vía Wikimedia Commons: https://commons.wikimedia.org/wiki/File:Temple_Edfou_Egypte.jpg

El templo también es conocido por su serie de jeroglíficos. Uno puede dar un paso dentro del templo y sentirse transportado a un libro lleno de miles de escritos que cuentan diferentes historias de las creencias y mitos del periodo helenístico. Tallas de escritos egipcios adornan cada rincón del templo, desde las paredes planas hasta las docenas de columnas, cámaras y esculturas. Estos jeroglíficos se conocen como los Textos de Edfu, y en su mayoría narran la creación del mundo. Por estos textos, sabemos que los antiguos egipcios creían que el mundo empezó como una isla creada por los dioses que descendieron de los cielos. También creían que los dioses construyeron el primer templo del mundo, que pronto se convirtió en un modelo para todos los templos que existieron, especialmente los del valle del Nilo. Aparte del mito de la creación, el templo también contenía textos que describían la legendaria disputa entre Horus y Set.

El templo de Edfu cayó en desuso cuando el culto pagano y no cristiano fue prohibido por el Imperio romano. El templo fue testigo de una serie de destrucciones, perpetradas normalmente por los cristianos que dominaban el valle. Hoy podemos ver algunas de ellas, como el techo ennegrecido de la sala hipóstila del templo. Siglos más tarde, el templo quedó completamente abandonado hasta que acabó sepultado bajo las arenas. Sin embargo, esto contribuyó en gran medida a la casi perfecta conservación del templo.

Esculturas y estatuas

Los historiadores creen que los estilos artísticos de la época ptolemaica variaron, especialmente durante el reinado de los primeros faraones de la dinastía. Quizá por motivos políticos, las esculturas de los primeros faraones ptolemaicos casi se parecían a las de la dinastía XIII; a veces, las piezas de ambos periodos tenían tantas similitudes que los egiptólogos tenían dificultades para distinguirlas.

Sin embargo, con el paso del tiempo, las estatuas ptolemaicas empezaron a abandonar el estilo antiguo de las dinastías anteriores e incorporaron un toque de influencia griega. A pesar de que seguían representándose en una pose egipcia (sentados o de pie con el pie izquierdo adelantado), las estatuas de la élite empezaron a aparecer con el pelo rizado, algo que solía verse en el arte de estilo griego, y con una vestimenta completa en lugar de un torso desnudo. Las barbas también eran un elemento común; el mejor ejemplo se encuentra en las estatuas de Serapis, el dios de la curación y la fertilidad.

Una estatua de Serapis actualmente en el Museo Vaticano
Immanuelle, CC BY-SA 4.0 <https://creativecommons.org/licenses/by-sa/4.0>, vía Wikimedia Commons: https://commons.wikimedia.org/wiki/File:The_Nile_Vatican_Statue.jpg

Las estatuas de la época ptolemaica también estaban finamente talladas y parecían más realistas en comparación con las típicas estatuas egipcias, que preferían un aspecto rígido e idealista. Los egipcios no se esforzaban por lograr la semejanza cuando se trataba de estatuas y esculturas. Pero los ptolomeos estaban muy influidos por los griegos, por lo que sus esculturas hacían más hincapié en el rostro. Cada rasgo se esculpía para que fuera lo más realista posible, y los sujetos se representaban a menudo con una sonrisa que daba a las estatuas una expresión más reservada.

Busto de Ptolomeo con una sonrisa

Stella, CC BY-SA 4.0 <https://creativecommons.org/licenses/by-sa/4.0>, vía Wikimedia Commons: https://commons.wikimedia.org/wiki/File:British_Museum_Egypt_-_Tolomeo_I.png

Sin embargo, el cambio más destacado en el arte ptolemaico fue la reaparición de estatuas femeninas, una forma de arte que se había abandonado desde la dinastía XXVI. La razón de ello es incierta, pero los historiadores creen que probablemente se debió a la creciente importancia de la mujer durante la dinastía ptolemaica. Varias mujeres de la realeza ocupaban cargos importantes en el reino, muchas se convirtieron en corregentes de los faraones gobernantes y algunas ascendieron ellas mismas al trono. Aunque las estatuas de mujeres rara vez se representaban con el mismo realismo que las masculinas, seguían apareciendo con un matiz de influencia griega. Arsínoe II (esposa de Ptolomeo II) solía ser representada como Afrodita, la diosa griega del amor. Para infundir cierta influencia egipcia, su estatua llevaba la corona tradicional del Bajo Egipto, las plumas de un avestruz (símbolo de la diosa Ma'at) u otros tocados y vestimentas tradicionales egipcios que indicaban realeza o un ser divino.

Cabeza de una estatua de Arsínoe II
Museo Metropolitano de Arte, CC0, vía Wikimedia Commons:
https://commons.wikimedia.org/wiki/File:Head_Attributed_to_Arsinoe_II_MET_DT10849.jpg

El periodo ptolemaico también vio nacer una estatua que representaba una versión más joven del dios Horus, aunque algunas fuentes afirman que la estatua hizo su aparición durante el periodo tardío (la última era de gobernantes egipcios nativos). Conocido como Harpócrates (una helenización del nombre egipcio Har-pa-khered, que significa simplemente «Horus el Niño»), el dios se representaba a menudo como un joven desnudo con el pelo alborotado. Normalmente se llevaba uno de los dedos a la boca, una realización del jeroglífico egipcio para la palabra «niño», que más tarde los romanos confundieron con un símbolo de silencio y secreto. Para simbolizar su divinidad, la estatua también llevaba una corona con un ureus, una cobra egipcia encabritada.

Estatuilla de plata de Harpócrates

Conclusión

Con la sorprendente muerte de Cleopatra y su amante, Marco Antonio, en el año 30 a. e. c., Egipto se quedó sin gobernante. Sus fronteras no tardaron en ser traspasadas por el futuro emperador romano Augusto, que cabalgó con sus tropas y reclamó el vasto reino. Antes de quitarse la vida, se cree que la última reina ptolemaica envió a Cesarión, su único hijo con Julio César, lejos de los peligros de la guerra, con la esperanza de que pudiera sobrevivir y reclamar algún día el trono egipcio.

Sin embargo, el deseo de Cleopatra se vio truncado, ya que Augusto ordenó el asesinato de Cesarión para eliminar cualquier amenaza futura. Los hijos de Cleopatra con Marco Antonio fueron perdonados por Augusto y enviados a Roma, donde quedaron al cuidado de la hermana de Augusto, Octavia. Aunque el emperador intentó borrar las huellas de ambos personajes, les concedió un entierro apropiado. Cleopatra deseaba ser enterrada junto a Antonio. Sin embargo, la ubicación de sus tumbas sigue siendo un misterio.

Egipto fue anexionado inmediatamente a la República romana tras la derrota de Cleopatra. Aunque la inmensa riqueza del reino fue absorbida y finalmente pasó a ser posesión del emperador, Augusto fue lo suficientemente sabio como para no perturbar el antiguo modo de vida de los egipcios, incluidas sus creencias religiosas y costumbres tradicionales. Puede que los periodos más prósperos de Egipto fueran cosa del pasado, pero sin duda Egipto consiguió mantener su presencia y extender su influencia a todos los rincones del mundo, algo que sigue haciendo hoy en día.

Dejando a un lado sus habilidades arquitectónicas y constructivas, los antiguos egipcios eran famosos por su dominio de la ciencia médica; incluso los persas estaban de acuerdo con esta afirmación, ya que en una ocasión solicitaron a un médico egipcio que se trasladara a su imperio y compartiera sus conocimientos. Se han descubierto muchos textos médicos egipcios, cada uno de los cuales describe con gran detalle diversa información médica y procedimientos quirúrgicos. Ellos fueron los responsables de la invención de la pasta de dientes. En el antiguo Egipto, los problemas dentales eran frecuentes. Para frenar el problema, los egipcios experimentaron y desarrollaron varias recetas de una sustancia para limpiar los dientes. Uno de los textos que sobrevivieron a la época cuenta que los antiguos egipcios fabricaban pasta de dientes con sal gema, menta, pétalos de iris secos y pimienta. Sin duda, sus métodos y técnicas tenían defectos, pero los egipcios fueron los precursores de la medicina moderna. Como centro de conocimiento y educación, no es sorprendente descubrir que los antiguos egipcios también sentaron las bases de otros campos, como el lenguaje, la astronomía y las matemáticas.

Por supuesto, la influencia más destacada del antiguo Egipto en el mundo es su arte y arquitectura. Varios de los edificios y estatuas colosales más impresionantes del reino siguen en pie hoy en día, y su capacidad para sobrevivir miles de años asombra a casi todo el mundo. Las pirámides inspiraron muchas obras arquitectónicas contemporáneas y modernas; el Louvre de París cuenta con una pirámide de cristal y acero inoxidable muy inspirada en la Gran Pirámide de Guiza, mientras que el Egyptian Hall de Harrods, en Inglaterra, está repleto de recreaciones de las pirámides, la Esfinge y columnas egipcias, con complejos grabados de jeroglíficos y textos.

Puede que la era del antiguo Egipto terminara hace miles de años, pero todo el mundo está de acuerdo en que su presencia sigue latente. Gracias a los restos de tallas y documentos escritos de los acontecimientos, historias y leyendas que tuvieron lugar en el reino, es seguro que el antiguo Egipto nunca caerá en el olvido.

Vea más libros escritos por Enthralling History

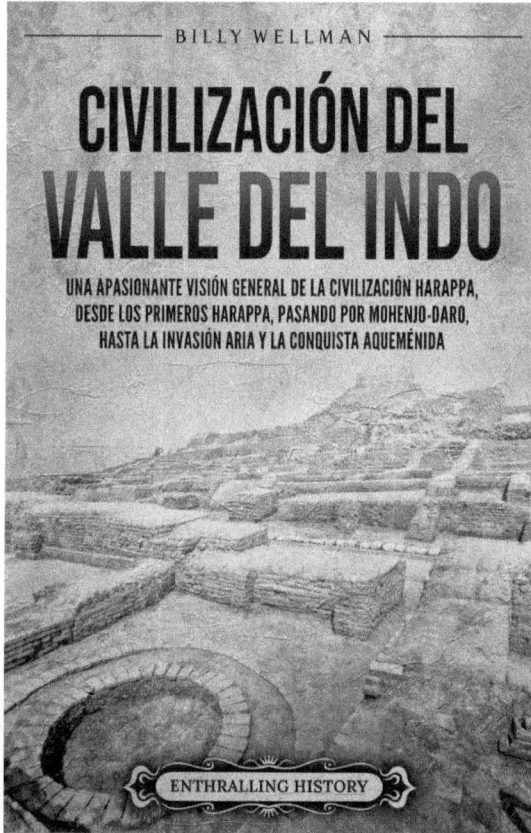

BILLY WELLMAN

CIVILIZACIÓN DEL VALLE DEL INDO

UNA APASIONANTE VISIÓN GENERAL DE LA CIVILIZACIÓN HARAPPA,
DESDE LOS PRIMEROS HARAPPA, PASANDO POR MOHENJO-DARO,
HASTA LA INVASIÓN ARIA Y LA CONQUISTA AQUEMÉNIDA

ENTHRALLING HISTORY

Bibliografía

Calvert, A. (n.d.). Old Kingdom and First Intermediate Period, an introduction – Smarthistory. https://smarthistory.org/old-kingdom-first-intermediate-period-introduction/

Edfu Temple - Greco-Roman Period Monuments. (n.d.). https://egyptianmuseum.org/explore/greco-and-roman-period-monuments-edfu-temple

Egypt, Egyptian art during the Ptolemaic Period of Egyptian history | Antiquities Experts. (n.d.). https://www.antiquitiesexperts.com/egypt_ptol.html

Egypt: Piye and the 25th Dynasty. (n.d.). http://www.touregypt.net/featurestories/piye.htm

Egyptian Mummies. (n.d.). Smithsonian Institution. https://www.si.edu/spotlight/ancient-egypt/mummies

Freed, Rita E. *Egypt's Golden Age: The Art of Living in the New Kingdom, 1558-1085 B.C.* Boston: Museum of Fine Arts; 1981.

Heart Scarab | Ancient Egypt Online. (n.d.). https://ancientegyptonline.co.uk/heartscarab/

Herodotus. *The Histories (Penguin Classics Deluxe Edition).* New York: Penguin Classics; 19 de mayo de 2015.

History.com Editors. (2020, November 24). Alexander the Great. HISTORY. https://www.history.com/topics/ancient-greece/alexander-the-great

Ian Shaw. *The Oxford History of Ancient Egypt (Oxford Illustrated History).* New York: Oxford University Press; 23 de octubre de 2003.

J. G. Manning. *The Last Pharaohs: Egypt Under the Ptolemies, 305–30 BC.* Princeton: Princeton University Press; 2009.

King Snefru (Sneferu). (n.d.). https://www.ancient-egypt-online.com/snefru.html

Kinnaer, J. (11 de agosto de 2014). Menes | The Ancient Egypt Site. http://www.ancient-egypt.org/who-is-who/m/menes.html

Kitchen, Kenneth Anderson. The Third Intermediate Period in Egypt (1100–650 BC). Warminster: Aris & Phillips Limited; 1996.

Mark, J. J. (22 de noviembre de 2022). The Great Sphinx of Giza. World History Encyclopedia. https://www.worldhistory.org/Great_Sphinx_of_Giza/

Mark, J. J. (23 de noviembre de 2022). Djoser. World History Encyclopedia. https://www.worldhistory.org/Djoser/

Mark, J. J. (23 de noviembre de 2022). Hyksos. World History Encyclopedia. https://www.worldhistory.org/Hyksos/

Mark, J. J. (23 de noviembre de 2022). The Temple of Hatshepsut. World History Encyclopedia. https://www.worldhistory.org/article/1100/the-temple-of-hatshepsut/

Mark, J. J. (24 de noviembre de 2022). The Battle of Pelusium: A Victory Decided by Cats. World History Encyclopedia. https://www.worldhistory.org/article/43/the-battle-of-pelusium-a-victory-decided-by-cats/

Mark, J. J. (25 de noviembre de 2022). Conflict Between the Temple and the Crown in Ancient Egypt. World History Encyclopedia. https://www.worldhistory.org/article/1027/conflict-between-the-temple-and-the-crown-in-ancie/

Mark, J. J. (3 de octubre de 2022). Narmer. World History Encyclopedia. https://www.worldhistory.org/Narmer/

Mark, J. J. (26 de septiembre de 2022). Fayum. World History Encyclopedia. https://www.worldhistory.org/Fayum/

Memphis Tours. (n.d.). Abu Simbel Temples. https://www.memphistours.com/Egypt/Egypt-Wikis/aswan-attractions/wiki/Abu-Simbel-Temples

Merimde in Egypt. (n.d.). https://www.nemo.nu/ibisportal/0egyptintro/2aegypt/merimde.htm

Miroslav Bárta. Analyzing Collapse: The Rise and Fall of the Old Kingdom (The AUC History of Ancient Egypt). The American University in Cairo Press; 30 May 2019.

Nijssen, D. (21 de noviembre de 2022). Cambyses II. World History Encyclopedia. https://www.worldhistory.org/Cambyses_II/

Old Kingdom Monuments Abu Ghurab. (n.d.). https://egyptianmuseum.org/explore/old-kingdom-monuments-abu-ghurab

Oren, Eliezer D. *The Hyksos: New Historical and Archaeological Perspectives.* University of Pennsylvania Museum of Archaeology and Anthropology Philadelphia; 1997.

R.B. Parkinson. *Poetry and Culture in Middle Kingdom Egypt: A Dark Side to Perfection (Studies in Egyptology & the Ancient Near East).* Equinox Publishing Ltd; 1 de noviembre de 2010.

Rattini, K. B. (3 de mayo de 2021). Pharaoh Ahmose I–facts and information. Culture. https://www.nationalgeographic.com/culture/article/ahmose-i

Rattini, K. B. (4 de mayo de 2021). Cyrus the Great: History's most merciful conqueror? Culture. https://www.nationalgeographic.com/culture/article/cyrus-the-great

Roberto B. Gozzoli. *The Writing of History in Ancient Egypt During the First Millennium BCE (ca. 1070-180 BCE): Trends and Perspectives.* London: Golden House Publications; 2006.

Ryan, D. P. (2021). *24 Hours in Ancient Egypt: A Day in the Life of the People Who Lived There.* Adfo Books.

Ryholt, Kim. *The Political Situation in Egypt during the Second Intermediate Period c. 1800-1550 B.C.* Museum Tuscalanum Press; 1997.

Sculpture of the Old Kingdom. (n.d.). http://kolibri.teacherinabox.org.au/modules/en-boundless/

The Pyramids of the Middle Empire. (n.d.). https://www.wonders-of-the-world.net/Pyramids-of-Egypt/Pyramids-of-the-middle-empire.php

Thomas, Angela P. Akhenaten's Egypt. Shire Egyptology 10. Princes Risborough, UK Shire; 1988.

Bingen, Jean. Hellenistic Egypt: Monarchy, Society, Economy, Culture. Berkeley University of California Press; 2007.

Toby Wilkinson. *The Rise and Fall of Ancient Egypt.* United States: Random House; January 8, 2013.

Wasson, D. L. (31 de agosto de 2022). Ptolemy I. World History Encyclopedia. https://www.worldhistory.org/Ptolemy_I/

Wasson, D. L. (22 de noviembre de 2022). Battle of Issus. World History Encyclopedia. https://www.worldhistory.org/Battle_of_Issus/

Wikipedia contributors. (19 de mayo de 2022). Ka statue. Wikipedia. https://en.wikipedia.org/wiki/Ka_statue

Wikipedia contributors. (10 de noviembre de 2022). Book of the Dead. Wikipedia. https://en.wikipedia.org/wiki/Book_of_the_Dead

Wikipedia contributors. (15 de noviembre de 2022). Prehistoric Egypt. Wikipedia. https://en.wikipedia.org/wiki/Prehistoric_Egypt

Wikipedia contributors. (10 de septiembre de 2022). Achaemenid conquest of Egypt. Wikipedia. https://en.wikipedia.org/wiki/Achaemenid_conquest_of_Egypt

Wolfram Grajetzki. *The Middle Kingdom of Ancient Egypt: History, Archaeology and Society (Duckworth Egyptology Illustrated Edition)*. London: Bristol Classical Press; 24 de febrero de 2006.

www.ingramcontent.com/pod-product-compliance
Lightning Source LLC
LaVergne TN
LVHW051738080426
835511LV00018B/3129